영화로 본 미국문화

김영덕 지음

들어가는 말

이 책은 미국의 할리우드 영화를 통해 미국문화를 읽으려는 시도이다. 100년이 넘는 역사를 가지고 있는 할리우드 영화는 미국문화와 밀접한 관계를 맺고 있고 미국역사의 산 증인이라 할 수 있다. 스티븐 로스(Steven J. Ross)는 『영화와 미국사회』(*Movies and American Society*)에서 영화는 하루 저녁의 오락만을 위한 것이 아니라 세계를 보고 이해하는 역사적 기록이라고 말한다. 『할리우드는 역사가』(*Hollywood as Historian*)에서 피터 롤린스(Peter C. Rollins)도 할리우드는 의식적이든 무의식적이든 국가의 정서를 기록하는 역사가의 역할을 한다고 말한다.

미국의 문화는 영화의 재현 과정에 직간접으로 반영되기 마련이며, 반대로 미국의 영화는 문화와 사회에 영향을 미친다. 미국문화와 영화는 미국의 가치관, 생활방식의 형성에 기여하였고 또 미국의 가치관은 할리우드 영화 형성에 기여하였다. 우리는 미국영화를 보면서 그 의미나 문화적 배경을 깊이 있게 고민하며 보지는 않는다. 그러나 자세히 들여다보면 미국영화는 그 시대의 문화, 가치관, 태도, 신념, 역사가 담겨져 있음을 알 수 있다.

이 책에서는 미국의 문화를 이해하기 위해서 반드시 짚고 넘어가야 할 핵심적인 미국의 가치와 주요 문화적 이슈들을 다루는 영화를 선택하여 분석한다. 할리우드 영화는 건국의 역사에서부터 프론티어, 종교, 경제, 문화, 교육, 정치, 인종, 범죄, 스포츠, 연예, 가족, 우주, 판타지 세계에 이르기까지 미국의 과거와 현재의 거의 모든 면을 다룬다. 이 책에서는 이 중에서 10가지를 택하였다. 처음 세 장은 카우보이 신화, 가정가치관, 아메리칸 드림과 같이 미국사회의 가장 보편적이고도 역사적으로 중요한 미국적 가치들을 다룬다. 이들 미국적 가치의 실체를 살펴봄과 동시에 이러한 가치들을 재현하는 영화의 관점도 동시에 살펴본다. 영화의 재현은 그 당시 사회의 가치가 반영되기 때문이다. 이어 시대순으로 1950년대의 매카시즘, 1960-70년대의 반문화운동과 민권운동, 성혁명, 1980년대의 보수주의, 1990년대의 여성문제, 그리고 마지막으로 장애인 문제를 분석하여 미국의 중요한 역사적, 사회적 이슈들을 주요 영화를 통해 살펴본다.

미국이 중시하는 가치들인 자유, 독립, 평등, 가정, 개인주의 등에 대한 논의는 이 책의 전반에 걸쳐 언급된다. 이들 가치는 시대에 따라서 달리 그려지며 보는 사람에 따라서 다르게 이해된다. 예를 들어 아메리칸 드림은 주류사회에서는 미국적 자본주의와 민주주의로 이해하고 있다. 그러나 상대적으로 소외된 가난한 흑인이나 이주민 등 소수 집단에게는 물질적 성공, 사회적 · 종교적 · 정치적 자유, 자립, 평등 등을 의미한다. 미국적 자유는 정치지도자들에게는 미국적 체제를 지키고 가정가치관을 지키는 것을 의미하지만 반문화 세대들에게 자유는 이 체제에서 벗어나는 것을 의미하며 끊임없이 여행하고 방랑하는 것을 의미하기도 한다.

다양한 집단이 존재하는 미국사회는 더 이상 전통적인 가치들이 절대적 이상으로 군림하는 사회가 아니라 다양성을 중시하는 다원화된 사회로 나아가고 있다. 그러나 한편으로는 이 전통적인 미국적 가치는 영화와 같은 대중매체 속에 살아있으며 여전히 미국인들의 의식에 영향력을 행사하고 있음을 이 책은 보여주게 될 것이다.

2008년 봄

저자 김영덕

CONTENTS

카우보이 신화

10 미국의 대중 장르, 카우보이 영화
13 프론티어의 역사에서 서부의 신화로
15 카우보이 신화의 형성

19 ▪ 다이 하드
27 ▪ 늑대와 춤을
33 ▪ 브로크백 마운틴

37 카우보이의 매력

41 참고문헌

가정가치관의 회복과 새로운 영웅

44 미국의 "전통적 가정가치관"
47 1990년대 가정가치관 논쟁

51 ▪ 포레스트 검프

56 가정가치관 회복의 내러티브

62 참고문헌

이민자의 아메리칸 드림

63 미국 초창기 이민의 역사
68 ▪ 파 앤드 어웨이
75 ▪ 갱즈 오브 뉴욕
82 참고문헌

냉전의 역사와 매카시즘의 할리우드

85 매카시와 하원 반미특위
88 ▪ 혐의와 유죄
95 "이름 대기"의 질곡과 영화인들 : 카잔과 밀러
103 참고문헌

반문화 세대의 자유와 히피즘

105 ▪ 이지 라이더
113 60년대 반문화운동
115 히피문화
119 자유의 추구와 좌절
122 참고문헌

흑인운동

124 "미국의 악몽"에서 이슬람국가 건설로
127 흑인민권운동과 마틴 루터 킹
133 ▪ 말콤 X
140 참고문헌

성혁명의 추억

142 1990년대와 성혁명의 전통
148 ▪ 부기 나이트
154 ▪ 아이스 스톰
157 성혁명, 그 후 : 끝나지 않은 논쟁
158 참고문헌

람 보

159 1980년대 미국과 <람보 Rambo>
163 베트남전쟁의 상처와 참전용사의 분노
167 강한 남성의 복귀
171 "레이건 람보"와 강한 미국
176 미국의 적, 서부극 내러티브와 정치
179 참고문헌

델마와 루이스

182 ▪ 델마와 루이스
185 할리우드 영화의 여성의 재현
189 팜므 파탈과 여성의 이분화
192 1990년대 성의 전쟁
194 <델마와 루이스>에 나타난 남녀관계
196 <델마와 루이스>에 나타난 자유의 여정
199 <델마와 루이스>에 나타난 여성 버디와 젠더 문제
201 참고문헌

영웅적 장애인의 재현

209 미국사회와 장애
212 영웅적 장애인
214 참고문헌

카우보이 신화

- ❄ 〈다이 하드〉
- ❄ 〈늑대와 춤을〉
- ❄ 〈브로크백 마운틴〉

미국의 대중 장르, 카우보이 영화

'카우보이'는 미국인에게 어떤 의미일까? 『카우보이 방식』(*The Cowboy Way*)의 저자 힉스(Robert J. Higgs)와 터너(Ralph Lamar Turner)는 카우보이가 없는 미국을 상상할 수 없다고 말하며 미국 정신에서 카우보이가 차지하는 비중이 지대하다고 지적한다(ix). 성조기, 조지 워싱턴(George Washington) 만큼이나 카우보이는 미국의 중요한 문화적 아이콘이다. 따라서 이러한 카우보이를 다루는 서부영화는 미국의 대표적 대중예술 장르로 자리 잡았다. 천의 얼굴을 가진 카우보이를 한마디로 정의할 수는 없지만 지속적으로 미국인의 사랑을 받아왔다는 점은 분명하다.

거친 서부 카우보이들의 전설적인 이야기는 미국인의 집단적 무의식에 깊이 각인되어 있다. 1950년대 등장한 말보로 담배의 모델인 "말보로 맨"은 미국의 카우보이를 모델로 하고 있으며 가장 미국적인 이미지로 세계에 잘 알려져 있다. 미국의 국민적 열광을 받고 있는 프로 미식축구팀인 달라스 카우보이즈(Dallas Cowboys)가 카우보이를 구단명으로 사용하고 있으며 그 외에도 얼마나 많은 미국의 고등학교나 대학교의 운동 팀들이 카우보이를 팀명으로 삼고 있는지 이루 헤아릴 수 없을 정도이다.

그리고 카우보이와 연관된 인디안도 프로 스포츠 팀의 단골 이름이다. 워싱턴 레드스킨즈(Washington Redskins), 클리블랜드 인디안즈(Cleveland Indians)가 좋은 예이다. 뉴욕주 버팔로(Buffalo)의 축구팀 버팔로 빌즈(Buffalo Bills)는 19세기의 서부의 전설적인 군인, 사냥꾼, 연예인이었던 버팔로 빌(본명은 윌리엄 코디)의 이름에서 따온 것이다. 이처럼 서부와 카우보이는 미국인의 삶 깊숙이 자리 잡고 있다.

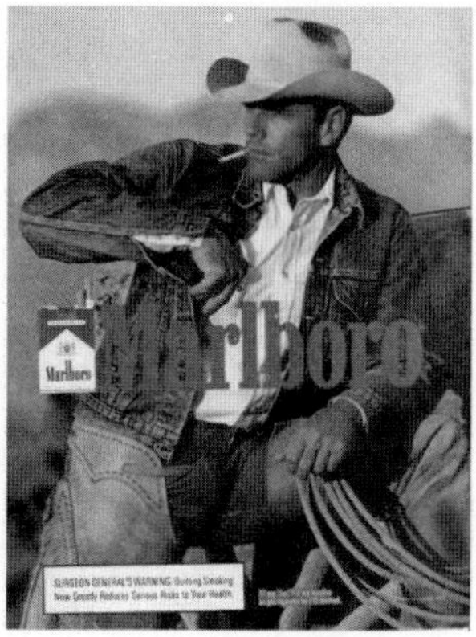

카우보이의 아이콘, 말보로 맨

미국 영화 중 서부극만큼 오랫동안 폭넓게 미국인의 사랑을 받은 장르는 없을 것이다. 서부극은 미국 영화와 함께 시작된 장르이다. 1903년의 <대열차 강도 *The Great Train Robbery*>를 시작으로 수많은 서부극이 만들어지고 있으며 시대의 다양한 흐름을 반영하여 변천을 거듭하고 있다. 서부극의 뿌리는 버팔로 빌로 거슬러 올라간다. 그는 1882년 유랑 극단을 설립하여 "버팔로 빌의 와일드 웨스트"(Buffalo Bill's Wild West)를 공연하였는데 이때 카우보이를 주요 인물로 설정하여 카우보이를 오늘날 신화적인 위치로 끌어올리는데 일조했다. 이 쇼의 내용인 무법자, 인디안의 습격은 영화 <대열차 강도>에 영향을 주었고 이후 카우보이와 인디안, 카우보이와 무법자의 갈등은 서부극의 주된 소재가 되었다. 이미 사라져 버린 서부에의 향수는 영화 스크린에서 신화화된 서부를 가공해 냈고 그 중심에는 신화적인 캐릭터인 카우보이가 존재한다. 카우보이가 미국적인 캐릭터로 형성된 것은 역사적 기록 외에도 이처럼 "와일드 웨스트"와 같은 공연, 소설, 영화 등과 같은 대중문화의 공이 크다. 19세기에는 주로 대중소설에서 서부의 이야기가 다뤄지다가 20세기에 들어서면서 할리우드 영화가 카우보이를 미국적인 캐릭터로 확립시켰다.

따라서 서부영화는 시대를 보는 창이라 할 수 있다. 시대의 문화적, 이념적 상황에 따라 카우보이 이야기는 다양하게 변형되고 재구성된다. 이 장에서는 미국문화에서 카우보이가 갖고 있는 의미를 알아보기 위해 1980년대, 1990년대, 2000년대에 각각 발표된 영화 <다이 하드 *Die Hard*>, <늑대와 춤을 *Dances with Wolves*>, <브로크백 마운틴 *Brokeback Mountain*>을 살펴본다.

<다이 하드>는 시민들을 인질로 잡고 거액의 돈을 강탈하려는 일단의 테러리스트와 이를 저지하는 한 경찰관의 이야기를 다룬 액션영화이다. <늑대와 춤을>은 구 서부(Old West)를 배경으로 인디안과 백인의 우정과 갈등을 그렸으며, <브로크백 마운틴>은 두 동성애자 카우보이의 비운의 사랑을 그렸다. 일견 공통점이 없어 보이는 세 영화를 통해서 우리는 미국 영화에 깊이 침잠해 있는 카우보이 신화를 읽을 수 있다.

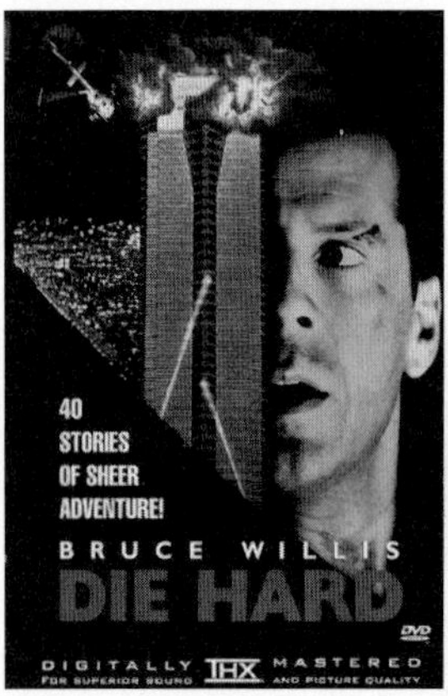

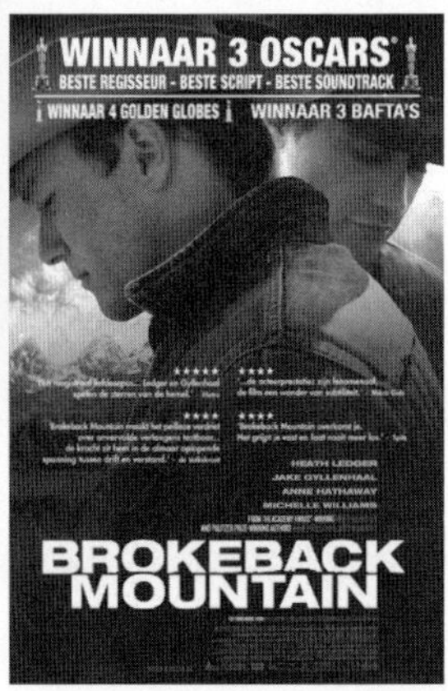

프론티어의 역사에서 서부의 신화로

먼저 카우보이와 서부의 성격을 간단히 살펴보자. 서부는 동부 연안에서 시작된 미국의 역사와 문화가 상대적인 개념으로 설정한 것이었다. 동부가 문화를 의미한다면 이와 반대로 서부는 '미개척의 영역'이며 '원시'를 의미하였다. 미국의 영토가 점차 서쪽으로 확장되면서 문명이 서부로 유입되고, 서부는 결국 사라지게 된다. 이 사라진 서부는 신화화되면서 '카우보이 신화'로 되살아나게 된다.

이 서부의 역사와 신화의 핵심은 프론티어이다. 서부극은 모두 프론티어에 관한 것이며 미국의 서부 신화는 프론티어에서 시작되었다. 미국의 역사를 이해하려면 서부를 이해해야 한다고 주장한 역사학자 터너(Frederick Jackson Turner)는 프론티어 개념을 확립한 대표적인 인물이다. 그는 1893년 미국 역사학회 모임에서 「미국역사에서 프론티어의 중요성」("The Significance of the Frontier in American History")이라는 논문을 통해서 프론티어 이론을 제시하였다. 터너에 따르면 프론티어는 자연과 문명이 만나는 지점이다. 미국 동부에 첫발을 내디딘 유럽 정착민들은 새로운 환경에 처하여 유럽 문화를 버리고 적응하여 나갔고 수 세대에 걸친 이 적응 과정은 지리적으로, 공간적으로 서쪽으로 확장해 나가는 미국화 과정과 일치하였다. 유럽의 문명이 아니라 끊임없이 원시적 영역으로 침범하며 움직이는 프론티어가 미국을 형성하였다고 터너는 말한다.

서부로의 확장은 독립적이고 굴하지 않는 "미국인"(homo Americanus)이라는 캐릭터를 창조해 낸다. 프론티어는 종교, 계급, 관습의 통제에서 벗어나 새로운 경험, 자유를 창조해 냈고 이 과정에서 통제보다는 자유, 사회나 집단보다는 개인주의, 규칙보다는 창의성과 폭력을 중시하는 미국성이 확립되었다. 남성적 힘과 투박함, 창의성, 지칠 줄 모르는 에너지, 개인주의, 자립정신, 자유에의 갈망 등은 프론티어 정신으로 여겨진다. 프론티어는 민주주의, 개인주의를 생성하게 했고 국가 확립을 가능케 한 요인이며 동부의 노동자의 불만을 해소하는 안전밸브 역할을 하기도 했다.

터너가 프론티어 연설을 처음으로 한 1890년대에는 사실상 프론티어는 이미 사라졌다. 그러나 미국의 서부는 액션과 모험의 이야기로 미국인의 호기심을 만족시켜 주면서, "서부"로 다시 태어나 대중화되었다. 프론티어는 미국적 가치의 근원으로 부각되고 프론티어에서 살던 미국인은 전설적 인물이 된다. 미국의 서부는 역사적 사실의 차원을 넘어 신화적 힘을 가진다. 즉, 미국인은 서부 황야의 개척정신을 그들의 국민적 성격으로 간주한다. 물론 프론티어 정신은 비판을 받기도 하였다. 19세기와 함께 프론티어가 사라졌다는 인식은 20세기 미국인들에게 해외와 우주에서 새로운 프론티어를 찾게 만들었고, 이는 제국주의적 정책과 패권주의로 연결된다는 것이다.

여기서 특별히 주목할 점은 프론티어의 경험이 본질적으로 모순적이라는 것이다(Belton210). 문명과 원시가 공존하는 공간이기 때문이다. 프론티어는 문명의 속박 대신에 자유를 보장하지만 동시에 무질서와 폭력과 야만의 위험을 의미한다. 프론티어가 그려내는 평화로운 자연의 아름다움은 미국 문화의 한 특징인 목가적 이상을 보여주지만, 동시에 자본주의와 제국주의적 침탈의 역사를 담고 있다.

카우보이 신화의 형성

신화화된 카우보이는 서부 개척 시대 "억센" 남성을 의미한다. 이러한 카우보이의 성격을 형성한 것은 대중문화였다. 카우보이는 본래 스페인에서 기원하여 멕시코를 통해 미국에 도입된다. 멕시코 영토였던 텍사스가 미국에 편입되면서 카우보이는 독특한 미국의 문화로 완성된다. 19세기 미국에서 카우보이가 전성기를 이룰 당시 실제 카우보이의 상당수가 흑인, 인디안, 멕시코인이었고 떠돌이 일꾼이었다. 카우보이 직업은 저임금의 장래가 없는 불안정한 직업이었다. 1880년대 목축업 붐이 붕괴되자 이 직업 종사자들은 어려움을 겪었다. 현실 세계의 카우보이는 영웅이나 존경의 대상이 아니라 거칠고 범죄를 저지르는 경멸과 두려움을 주는 악당으로 여겨졌다. 이러한 경향은 동부인들이 서부 전체를 저속하고 폭력적인 곳으로 보고 경멸한 데에서 기인한다. 특히 카우보이가 많았던 텍사스 주는 무법의 폭력의 장소라는 선입견을 가지고 있었다.

프론티어가 19세기말에 사라지면서 프론티어의 주인공인 프론티어맨은 대중소설의 주요 소재로 등장하게 되고 이를 바탕으로 영화화되면서 서부의 신화가 만들어진다. 19세기말 버팔로 빌의 와일드 웨스트 쇼는 개척민, 사냥꾼이 아닌 카우보이를 서부의 주인공으로 확립하는데 공헌하였다(Murdoch 43). 카우보이는 프론티어의 마지막 주인공이었고 20세기 대중매체에서 서부의 신화가 대중화되면서 미국적 캐릭터로 자리 잡게 된다. 이러한 과정에 할리우드 영화가 중요한 몫을 한다.

카우보이는 어려운 난관을 단순한 방법, 즉 힘을 통해 해결하는 강한 남성이다. 프론티어에서 중시한 가치인 개인주의, 자립심, 창의성, 남성적 힘, 기업가 정신, 힘의 논리 등이 카우보이를 통해 여러 가지 형태로 영화 속에 구현된다. 1930-50년대에는 서부영화가 카우보이를 주요 인물로 설정하고, 게리 쿠퍼(Gary Cooper), 존 웨인(John Wayne), 알란 라드(Alan Ladd) 등의 백인 남성 배우를 통해 미국적인 캐릭터로 사랑받게 되었다.

프론티어맨은 18세기 초창기에 거친 자연과 인디언들과 생존을 위해 싸워야 했다. 『모히칸 족의 최후』(*The Last of the Mohicans*)로 잘 알려진 19세기 미국 소설가 제임스 페니모어 쿠퍼(James Fenimore Cooper)의 소설 주인공인 내티 범포(Natty Bumpo)와 그 모델이 된 실존 인물 다니엘 분(Daniel Boone)은 초창기 프론티어맨의 대표적인 예이다. 할리우드 서부극은 쿠퍼의 소설에서처럼 인간과 자연의 갈등, 자연 속에서 생존하려는 주인공의 투쟁을 다루는 것에서 출발하여, 문화 간 갈등, 인간 간의 갈등 – 즉 카우보이와 인디안, 보안관과 무법자, 카우보이와 소도둑간의 갈등 – 을 다루게 된다. 19세기말 프론티어가 문명화됨에 따라 소멸되면서 프론티어맨은 자연보다는 인간과의 갈등을 주로 겪게 된다. 이 갈등에서 프론티어맨은 총과 같은 무기를 잘 다루고, 신체적인 강력한 힘을 지니고 있어 타인의 도움을 필요로 하지 않고도 생존해 나간다. 그리고 폭력의 사용을 피하지 않는다. 서부의 전설적인 인물들은 싸움꾼이다. 주먹싸움이나 총싸움에서 상대를 제압하는 능력은 그의 신체적인 강인함을 보여준다. 이러한 강함은 "마초"(macho), 즉 남성성의 상징으로 영화 속에 등장한다.

그리고 마초는 미국 남성의 이상으로 부각된다. 이러한 이상은 감성보다는 "쿨한" 남성성을 중시한다거나 폭력의 사용을 관용하거나 총기 소지를 합법화하는 현상으로 연결된다. 자신을 스스로 지킨다는 프론티어 정신은 미국민의 총기 소유를 합법화한 것이다. 미국 가정의 절반 이상이 총기를 소유하고 있고, 또한 총기 사고가 빈발하는 현상은 지극히 미국적인 현상인데, 그 뿌리는 자신을 스스로가 지킨다는 프론티어 유산과 카우보이적 남성의 이상화에 기인한다(미국에는 현재 약 2억 5천만정의 총기가 있고 매년 3만 명이 총으로 사망한다는 통계가 있다. 미국총기협회(National Rifle Association, 1871 창립)는 최대의 이권단체 중 하나이다. 알 고어(Al Gore)의 총기 소지 반대 공약이 그의 대통령선거 패배의 중요 이유로 지적될 만큼 총기 소지는 미국인의 일상과 분리할 수 없게 된다). 이는 결국 학교에서 총기사고가 발생하면 총기 소지 허가를 비난하면서도 동시에 영화 속 카우보이의 총기 사용은 멋있는 모습으로 이상화되는 이중적 모습을 낳게 된다. 영화 속에서 주인공이 더욱 강하고 더욱 큰 총을 가질수록 더 미국적인 남성으로 낭만화 된다.

그러나 포스트모더니즘 시대에 다양성이 사회의 중요한 가치로 대두되면서 이 카우보이가 백인 남성을 대변한다는 점이 문제로 지적되기도 한다. 서부극은 미국의 가장 기본적인 문화적 가치들을 확인하는 수단으로 사용되어져 왔다. 여성, 유색인, 그리고 여타 소수집단은 카우보이가 대변하는 미국적 가치에 포함되지 않는다. 예를 들어 미국 원주민은 길들여지지 않은 원시의 일부이며 카우보이의 주된 적의 하나로 전형화 되기 일 수였다. 따라서 제프 킹(Geoff King)이 말하듯이 프론티어 신화는 보수적이며, 엘리트주의적이며, 인종주의적이며, 성차별적이고, 동성애의 혐오를 내포한다(40).

전통적 서부극은 극단적인 이분법적 인물 구성을 기본으로 한다. 악한은 주로 험상궂은 얼굴, 흉터, 검은 옷과 모자 등으로 전형화 되어 있어 쉽게 알아볼 수 있다. 그리고 종종 무리지어 등장한다. 그리고 인디안이나 멕시코 인이 종종 그 역할을 하기도 한다. 이러한 악한에 대항하여 싸우는 카우보이는 백인이며 보안관 배지를 달고 등장하거나 고독한 방랑자이기도 하다. 그는 선과 정의를 상징하며 주로 흰색 복장을 하고 등장하여 악한과 쉽게 구분될 뿐만 아니라 혼자 힘으로 악을 무찌르는 일견 불가능한 임무를 떠맡는다.

이러한 이분법적인 구도에서 벗어나 다원화 시대에 걸 맞는 새로운 카우보이의 모습을 그린 다양한 영화가 새로이 등장하였다. 그 중에는 <민병대 *Posse*>의 흑인 카우보이, <나쁜 여자들 *Bad Girls*>의 카우걸, 그리고 보다 최근에 <브로크백 마운틴>의 게이 카우보이가 있다. 이들 영화는 사회적 소수집단을 동정적으로 그린다. 이런 점에서 전통에 반기를 든 "수정주의" 서부영화와 맥을 같이 한다. 이는 전통적 서부영화의 낙관주의 대신, 보다 어두운 분위기를 사용하고 낭만적 시각에서 벗어나 사실적 입장을 견지하고 폭력성을 강조한다. 국가주의, 정부, 군대, 자본주의, 제국주의에 비판적 시각을 지니며, 백인/이성애/남성 중심주의에서 탈피한다. 주인공은 안티히로(anti-hero)인 경우도 있다. 이러한 영화는 젠더, 성, 인종, 계급, 지리적으로 기존의 서부의 신화에서 만들어진 카우보이 이미지에서 벗어나 이러한 이지미를 패러디하거나 수정하고 다양화하려는 시도를 한다.

다이 하드

도시의 카우보이와 현대의 악당

이 영화는 뉴욕 경찰관인 존 맥클레인(John McClane)이 아내를 만나러 LA에 도착하면서 시작된다. 아내는 일본인 소유의 나카토미사에서 근무하는데 존은 이 회사에서 열리는 크리스마스 파티에 참석하기 위해 회사 건물에 도착한다. 오랜만에 만난 존과 아내가 말다툼을 하는 사이 독일인 한스(Hans)가 이끄는 일단의 테러리스트가 이 건물에 침입한다. 주인공이 이들 테러리스트와 처절한 사투를 벌이고 모두 무찌르는 것이 영화의 줄거리이다. 이 영화는 현대 대도시를 배경으로 하고 있다는 점에서 전통적인 카우보이 영화와 거리가 멀지만 여러 가지 면에서 카우보이의 전통을 따르고 있다. 구 서부대신 새로운 서부라 할 수 있는 LA를 배경으로 하고 있어 지리적으로 서부극의 전통을 따른다. 주인공이 서부에 와서 위험에 처한 아내와 약자를 구하는 것도 서부극의 플롯을 따른 것이다. 악당과 싸우는 보안관 이야기를 그린 현대판 도시 서부극이며 주인공은 도시의 카우보이이다.

<다이 하드>를 서부극으로 본다는 것은 1980년대를 대변할 만한 정통 서부극이 없다는 것을 의미한다. 1950년대까지 전성기를 구가하던 서부영화는 점차 인기를 잃기 시작하여 1980년대에는 완전히 쇠퇴한다. 이와 관련하여, 카우보이 대통령이 백악관에서 나라를 지키고 있으므로 카우보이 영화가 불필요했다는

냉소적인 평가가 있는 것도 사실이다. 그리고 실제 90년대 레이건이 정치 무대에서 사라진 후 서부극이 부활된 것은 우연의 일치일까? 레이건에 대한 향수가 서부극의 부활로 나타났다는 일부 비평가의 지적이 나올 정도이다. 1990년대는 <늑대와 춤을>로 시작하여, 클린트 이스트우드(Clint Eastwood)의 <용서받지 못한 자 *Unforgiven*> 등이 발표된다.

그러나 80년대는 액션영화가 서부영화를 대신한다. 그중 <다이 하드>는 서부영화의 요소를 그대로 차용했다고 볼 수 있다. 이 영화의 주인공인 존은 경찰관인데, 경찰관이 카우보이로 인식되는 것은 전례가 있기 때문이다. 1960년대부터 이탈리아 출신 감독 세르지오 레오네(Sergio Leone)의 스파게티 웨스턴(spaghetti western)이 인기를 누렸다. 이 새로운 서부극에서 클린트 이스트우드와 같은 배우가 등장하여 서부의 총잡이이자 도시의 보안관의 이중적 이미지를 부각시켰다. 그는 80-90년대에 서부극 전통을 지속시키고 서부극을 도시로 끌어들여 도시의 범죄 세계를 서부의 대체물로 만든 장본인이었다. 즉 이스트우드의 영화는 서부극과 도시 배경의 범죄물이 본질적으로 같은 부류라는 것을 보여줬다.

1960년대 반문화운동(counter-culture movement)을 반영한 당시 대부분의 60-70년대 흥행작들이 사회의 분열과 해체를 다뤘다. <더티 해리 *Dirty Harry*> (1971), <매그넘 포스 *Magnum Force*> (1973), <집행자 *The Enforcer*>(1976), <서든 임팩트 *Sudden Impact*>

등의 이스트우드 영화들은 매그넘 권총으로 범죄자를 처단하는 폭력적이고 냉정하고 개인주의적인 경찰관을 등장시킨다. 이러한 경찰관은 60-70년대 반문화운동에 수반된 혼란에 대한 반발로 사회의 범죄, 부패, 폭력을 막으려는 결연한 의지의 인물을 다루는 소위 야경영화(vigilante film)의 주인공이다. <더티 해리>, <워킹 톨 *Walking Tall*>(1974), <데스 위시 *Death Wish*>(1974) 등의 야경영화에 등장하는 주인공은 범죄와 폭력을 더 강한 폭력으로 응징한다. 이스트우드와 함께 찰스 브론슨(Charles Bronson)은 야경영화의 전성시대를 이끈다.

도시의 무법자를 응징하는 보안관의 모습은 80년대 액션영화가 이어받는다. 서부극은 사라졌지만 카우보이는 아직도 도시에 살아있는 것이다. 유사한 액션영화는 <언더 씨즈 *Under Siege*>, <패신저 57 *Passenger 57*>, <클리프행어 *Cliffhanger*>, <스피드 *Speed*>, <에어포스 원 *Air Force One*> 등이 있으며, <다이 하드>는 이러한 홍수처럼 쏟아져 나온 블록버스터 액션영화의 모델이 된다. 이들 영화는 무법자로 테러리스트를 설정하였으며,미국을 위협하는 테러와의 전쟁을 다루었다.

<다이 하드>가 전통적인 서부의 무법자나 인디안 대신, 그리고 야경영화의 도시 범법자들 대신, 새로운 개념의 악당을 보여주는 것은 1980년대의 시대적 정서를 반영한 결과이다. <다이 하드>에서 주인공의 적은 미국 내부의 범죄자가 아니라 독일인 테러리스트이다. 2차대전 후 독일과 일본군을 상대로 전쟁을 치르는 미군과 연합군의 이야기는 전쟁영화 장르로 폭발적 인기를 끌었고, 여기서 나찌와 일본군은 악역을 담당하였다. 냉전 체제에서는 소련이 그 역할을 맡았다. 80년대에 들어와 독일인 테러리스트를 설정한 것은 직접적으로는 경제적으로 미국을 위협하

는 독일에 대한 경계심이 한 몫을 한다고 보여 진다. 독일어로 이 영화가 번역될 때 독일인 이름이 영국인 이름으로 바뀐 것은 미묘한 국가적인 정서를 보여준다.

1980년대부터 일본과 독일의 경제가 미국을 위협하고 이들 국가의 자동차가 미국 시장을 잠식하기 시작했다. <다이 하드>에서 흥미롭게도 테러가 발생한 곳도 일본인 소유의 회사이다. 일본인들은 경제적 발전과 함께 축적된 자본을 이용하여 고층빌딩과 같은 미국 내 부동산을 구입하기 시작하였고 이는 경제적 침입으로 인식되었다. 19세기말부터 시작된 중국인 이민이 몰고 온 미국 내 "황화" 혹은 "황색 위험"(yellow peril)의 정서는 1980년대 일본의 경제적 진출로 다시 살아나기 시작했다는 시각이 있었다. 1980년대 "황색 위험"에 대한 두려움은 일본과 독일에서 온 것이다. 독일인이 원하는 것은 금고에 있는 엄청난 금액의 돈이다. 테러 영화가 주로 정치적 목적을 가진 집단에 의해 행해지는 테러 행위를 다루는 반면, 이 영화는 미국의 부를 강탈하려는 경제적 목적의 범죄를 다룬다는 점이 특징이며 이는 당시에 불고 있던 외국 경제에 대한 경계심과 무관하지 않다. 즉 미국의 부를 강탈해 가는 적에 대한 경계심을 담고 있다.

이 영화 이후, 일본인을 부정적으로 그린 <리틀 도쿄 *Showdown in Little Tokyo*>, <떠오르는 태양 *Rising Sun*> 등은 이러한 외국 경제에 대한 경계심과 관련이 있다. <다이 하드>에서 나카토미사의 사장인 다카기(Takagi)도 두목 한스에게 도대체 무슨 테러리스트가 돈을 목적으로 하느냐고 반문한다. 따라서 미국인 영웅이 등장하여 일본인 소유의 건물에서 독일 테러리스트를 쳐부수는 스토리는 당시로서는 가장 흥미 있는 문화적 함의를 담고 있다. 전통적 서부극에서의 구출 스토리가 이 영화에서 또 다른 의미로 나타난다. 일본인 소유의 회사는 아내를 주인공으로부터 빼앗아 간 상징적인 적인 것이다. <다이 하드 3>에서는 한스의 동생이 복수를 꾀하며 미국 은행을 강탈하는 스토리로 이어지는데 복수와 강도행위는 서부영화의 주된 요소이다. <다이 하드> 시리즈는 인터넷 테러리스트를 다룬 4편(원제목 *Live Free or Die Hard*)까지 제작됨으로써 현대판 카우보이 영화의 매력을 증명한다.

전통적 악당의 신분이 테러리스트로 바뀌고 시대와 장소와 방식이 바뀌었지만 관객들에게 존 맥클레인은 카우보이이다. 테러리스트 한스는 존이 자신을 존 웨인이나 람보(Rambo) 같은 카우보이로 생각한다고 그의 영웅주의를 비꼬며 말한다 : "너는 내 이름을 알지만 너는 누구냐? 어릴 때 영화를 너무 많이 본 미국 놈이지? 자신이 존 웨인, 람보, 보안관 딜론(Dillon)이라 생각하는 ... 파산된 문명의 고아지?" 그리고는 존을 카우보이라 부른다 : "네가 진짜 우리를 이길 수 있다고 생각해, 카우보이 양반?" 그리고 존 자신도 흑인 경찰 알(Al)과 무선 통화를 하면서 자신을 로이 로저스(Roy Rogers)라 소개한다. 로저스는 유명한 카우보이 배우이다.

존과 한스의 마지막 결투 장면은 서부극의 결투 시나리오를 극적으로 재구성한다. 존은 한스의 포로가 된 아내를 구하기 위해 꾀를 쓰는데, 총을 등 뒤에다 테이프로 붙여 한스에게 보이지 않게 하는 것이다. 그가 마지막 순간 총을 빼는 장면은 전통적 카우보이의 결투 장면과 흡사하다. 차이가 있다면 빌딩에서 떨어지는 한스의 죽음이 오늘날 액션영화에 걸맞게 더 자극적이고 스케일이 크며 극적이다.

LA는 또한 전통적 카우보이의 특징인 무법자의 세계를 잘 보여준다. 대마초를 피우는 택시운전사, 마약을 하는 홀리(Holly)의 직장 동료, 그리고 테러리스트들, 그리고 제대로 역할을 하지 못하는 치안 담당자들, 이들의 모습은 법과 질서가 없는 세계를 보여준다. 도시 속의 프론티어이다. 이러한 무법 상황을 강한 힘으로 제압하며 주인공은 폭력 사용을 불사한다.

<다이 하드>의 주인공은 카우보이 전통에 맞게 고독한 영웅이다. 카우보이는 미국의 "억센 개인주의"(rugged individualism)의 화신이다. 카우보이는 본래 문명의 안락함에서 벗어나 생활하기 때문에 거친 환경에서도 자립적인 정신과 능력을 가지고 혼자 살아갈 수 있는 억센 인물이다. 따라서 사회의 규칙과 제약으로부터 자유로운 사람이다. 사회로부터 벗어나 홀로 지내는 카우보이는 여성과 어린이를 보호하는 강한 면을 지니지만, 동시에 이들에 의해 구속당하거나 얽매이기를 원하지 않는다.

이와 관련하여 수잔 헤이워드(Susan Hayward)가 설명하는 서부극의 특징은 참고할 만하다(503). 헤이워드에 따르면 서부극은 남성 영화이며, 주인공은 말을 타고 액션하는 남성, 여자를 남겨 두고 떠나는 남성, 여성에의 욕망보다 모험에의 욕망이 더 많은 남성이다. 따라서 서부극은 가정생활과 멜로드라마의 안티테제이다. 사랑을 추구하는 남성 주인공의 "이디푸스 내러티브"(Oedipus narrative)의 반대라는 것이다. 카우보이는 자신이 구해준 여성과 정착하기 보다는 자연 속을 누비며 고독한 자유를 택한다.

<다이 하드>는 80년대 또 다른 인기 액션영화인 <리썰 웨폰 *Lethal Weapon*>과 달리 여성과의 로맨스가 부재하다. <다이 하드> 시리즈는 이혼으로 나아간다. 시작 부분은 존 매클레인과 아내의 미묘한 갈등을 중심으로 전개된다. 이미 6개월간 아내는

LA에 거주하며 남편과 떨어져 살고 있다. 아내가 근무하는 나카토미 빌딩에 도착하여, 직원 목록의 M항에서 아내의 이름 매클레인을 찾아보지만 없음을 알게 되고, 그녀의 처녀 시절 이름 홀리 제네로(Holly Genero)를 발견한다. 전통적으로 카우보이가 여성을 버리고 떠나는 것과 반대로 이 영화에서는 아내가 직장 때문에 남편을 떠나 살고 있다. 이러한 부부의 갈등에서 70년대 여성해방운동과 반문화운동에 대한 보수적인 시각을 보여준다. 아내 홀리는 남편과 별거하더라도 직장을 포기할 수 없다는 입장을 고수하는 여성으로 등장하여 가정 해체의 책임을 떠안는다. 영화는 여성의 주체성 찾기를 비꼬는 정치적 내용을 담는다. 크리스마스 파티라는 상황도 주인공의 고독과 소외를 더욱 강조하는 효과를 낳는다. 가장 미국적이자 가정가치관을 강조하는 크리스마스 파티에서 아내와 함께하지 못하는 주인공은 이 사회에 속하지 못한 인물이다.

주인공 존 맥클레인이 적과 싸우는 과정도 그의 고독성을 강조한다. 그는 경찰관 알과의 간헐적인 무선대화 외에는 외로운 사투를 벌인다. 이 과정에서 LA경찰이나 FBI는 주인공 존과 갈등 관계를 형성한다. 결국 주인공은 테러리스트 뿐 아니라 문명과 사회를 대변하는 아내와 경찰과도 융화되지 못한다. 무법과 질서 모두와 대치하는 존은 문명과 무법의 경계 지역(프론티어)에 사는 전통적 카우보이 이미지를 보여준다.

존은 자유를 찾아서 사회에 구속되기를 거부하는 인물은 아니지만, 맨발로 피투성이가 되면서 사투를 벌이는 모습은 크리스마스 파티에 참석한 깔끔한 백인 중산층과 "쿨한" 모습의 경찰과 대조되는 아웃사이더의 모습을 지니고 있다. 그러나 동시에 악을 물리치고 사회 질서를 회복시키는 정의의 사자로서의 주인공의 몸은 여성, 외국인, 흑인과 대비된다. 흑인은 백인 주인공의 보조적인 역할로 등장한다. 다소 코믹하고 마약을 하며 반사회적인 면도 보이는 운전사와 존의 파트너의 역할을 하는 경찰관, 그 둘 다 백인 주인공에게 신뢰를 얻고 필요한 도움을 주어 주인공의 역할을 강화하는 조연의 역할을 한다. 아내는 자신의 자아를 찾아 떠나 왔지만 남편의 도움으로 목숨을 구한다. 능동적 남성과 수동적 여성이라는 전통적인 젠더(gender) 역할을 재차 강조하는 것이다.

영화는 주인공 존이 질서를 회복시키는 장면으로 끝난다. 문제는 주인공이 아내와 포옹하지만 그가 가정을 회복하는지는 밝히고 있지 않으며, 그 답은 속편에서 알 수 있다. 존에게 문명의 지표는 가정과 아내이지만 가정과 아내와 일정한 거리를 두고 살고 있는 고독한 인물이다. 가정과 주인공의 이러한 애매한 관계는 전통적으로 문명과 원시의 경계선에 존재했던 프론티어맨의 모습을 답습한다. 존은 현대 미국 남성이 처한 고독한 상황과 카우보이적 주체성을 대변한다.

늑대와 춤을

90년대 판 수정주의 서부영화

1990년대 서부영화의 부활을 가져온 <늑대와 춤을>은 토마스 사츠(Thomas Schatz)가 열거한 서부극 구조--동부와 서부, 미국과 유럽, 정원과 사막, 질서와 무질서, 개인과 사회, 도시와 황야, 카우보이와 인디안 등의 이분법적 갈등 구조--가 잘 나타나는 서부극이지만 전체적인 시각에서는 수정주의 서부극이다. 이 영화에서 프론티어는 영웅주의와 낭만의 장소가 아니라 백인 침탈의 장소이다.

이 영화의 스토리는 단순하다. 프론티어가 사라져가는 시기인 남북전쟁 중, 주인공 존 던바(John Dunbar) 중위는 부상의 고통을 견디다 못해 자살을 생각하고 적진을 향해 말을 달린다. 그러나 그의 행동은 용감한 행위로 오인된다. 이 공적을 인정받아 다음 부임지를 정할 수 있는 선택권을 받게 되며 그는 서부 변방을 선택한다. 그가 택한 세지위크 요새에 도착했을 때 요새에는 아무도 없다. 기다리는 증원군은 오지 않고 그를 찾아오는 것은 외로운 늑대 한 마리와 말을 훔치려는 인디안들 뿐이다. 그는 이 늑대와 친해지고 이웃의 수우족 인디안과도 친해진다. 부상당한 백인 인디안 여성을 구해주고, 들소 떼 위치를 알려주며, 침입해오는 포니족 인디안에 맞서 싸운 뒤 이 수우 부족의 일원으로 인정받는다. 그리고 백인 인디안 여성인 "주먹 쥐고 일어서다"(Stands with Fist)와 결혼한다. 던바가 인디안으로 동화된 후 요새에 미국군이 들어와 그를 탈영병으로 체포하며 군사재판을 위해 후송한다. 이 과정에서 수우 인디안들이 그를 구출한다. 던바는 자신 때문에 미군이 인디안 마을을 쳐들어 올 것을 두려워 해 아내와 함께 떠난다.

이 영화의 초점은 주인공 존 던바의 카우보이 정체성의 변화이다. 주인공은 개인주의적이며 반사회적 성향을 지니고 있어 문명과 원시의 경계지에 거하는 이중성을 보인다. 그는 미국 군대의 장교로 요새에 주둔하면서 점차 "늑대와 춤을"이라는 이름의 인디안으로 변한다. 인디안들도 처음에는 그를 "중위"로 부르다가 나중에 "늑대와 춤을"이라 부른다. 그의 복장도 군복에서 인디안 복장으로 바뀌는데 이로 인해 나중에 미국 군인들로부터 오인 사격을 받는다.

존은 수우족이 포니족으로부터 공격을 받았을 때 이를 무찌르고 나서 자신의 정체성에 대해서 깨닫는다. 즉 이 곳에서 존 던바라는 백인의 정체성은 무의미하며 자신은 수우족 사람 "늑대와 춤을"로 다시 태어났다고 여기며 이것이 자신의 진정한 정체성이라 여긴다. 그리고 마침내 미군의 심문에 답을 거부하며 수우족 언어로 말한다.

그의 여정은 남북전쟁에서 헤이즈 요새에서 세지위크 요새로 이어지며 이 과정에서 점점 문명에서 멀어진다. 헤이즈는 문명사회와의 마지막 연결고리이다. 그러나 존을 세지위크로 보낸 장교나 그를 실어다 준 마부 모두 죽음으로써 존의 존재는 문명사회에서는 사라진다.

이러한 정체성의 변화는 상징적이다. 주인공이 프론티어에 융화되어 사회를 떠나는 것을 보여준다. 사회와 원시의 양가성을 가진 던바는 원시를 택한다. 그가 나라를 지키는 군인이라는 점이 이 변화를 더 의미 있게 한다. 그는 백인 문명을 수호하고 더욱 더 확장시켜 나가야 할 임무를 부여받은 신분이다. 자연을 정복하고 개척하는 것은 그의 임무이다. 영화의 제목이 된 그의 새로운 이름에서 "와"(with)는 자연과 융화되는 모습을 보여준다. 이를 강조하듯 카메라는 반복적으로 인간이 자연과 하나가 되는 장면들을 담는다. 인간은 자연을 정복하는 것이 아니라 자

연 속에 묻힌다. 늑대를 죽이기보다는 늑대와 친구가 되고 인디안을 죽이기보다는 그들과 융화되는 주인공의 모습은 다른 백인들이 재미삼아 늑대를 죽이는 장면과 대조를 이룬다.

자연과 하나가 되는 주인공의 모습은 마지막 장면에서 가장 잘 나타난다. 추격하는 미군을 피해 주인공과 아내의 도망가는 모습을 카메라는 롱샷으로 잡아내는데 여기서 둘은 눈 덮인 광대한 산 속으로 들어간다. 말 그대로 자연 속으로 사라진다. 주인공의 이러한 모습은 프론티어가 사라지기 전 황야를 누비던 쿠퍼의 주인공 내티 범포의 시대로 회귀한 듯한 느낌을 준다.

그렇다고 해서 주인공 존 던바가 결코 나약한 인물은 아니

다. 다른 나약한 미군들보다 훨씬 남성적이고 자아의식도 강하다. <늑대와 춤을>은 전통적 서부극 구조에다 로맨스 스토리, 1980년대식 액션영화의 요소, 1990년대 포스트모더니즘적인 성, 인종 문제에 대한 고려를 가미한 것이다. 프론티어의 고독한 삶, 액션 주인공의 영웅적 모습은 전통적 카우보이를 답습한다. 존의 가정이나 배경을 관객은 전혀 모른다. 그는 혼자 사는 고독한 늑대이며 자립적인 전형적 서부인이다. 이를 증명하듯 영화 시작 부분에서 그는 프론티어가 역사속으로 사라지기 전에 보고 싶다고 말한다. 끝부분에 가서 백인 인디안 여성과 결혼을 하여 가정을 이룬다는 점에서 고독한 카우보이의 이미지에서 벗어나지만, 백인 문화를 거부하고 등지는 모습에서 90년대적인 가치를 지닌 카우보이의 모습을 보여준다.

사라진 낙원의 향수를 담은 이 영화는 프론티어에 대해 보다 동경어린 시선으로 접근하여 백인 문명이 침입하기 이전의 아름다운 원시의 상태를 그린다. 넓은 평원 위에서 말과 단 둘만의 외로운 삶, 자연의 아름다움과 평화로움이 가득하고 시간을 초월한 듯한 이곳은 낙원이며 그는 "아메리칸 아담"(American Adam)의 모습을 보여준다. 이를 반영하듯 목욕하는 그의 벗은 몸은 문명의 옷을 벗은 모습을 강조한다. 켈러(Alexandra Keller)의 지적처럼 "친환경적 서부극"의 양상을 지닌다(245). 영화의 끝에 가면 이 프론티어는 백인에 의해 침입을 받고 사라지게 됨을 알 수 있다. 영화 끝 자막은 수우족이 13년 뒤 백인에 항복했다고 말한다.

사라진 것을 스크린에 되살리는 노력은 실제 버팔로 사냥, 진짜 늑대, 인디안 배우와 언어의 사용을 고집한 감독 케빈 코스너(Kevin Costner)의 리얼리즘에서 나타난다. 주인공의 나레이션도 애수와 향수를 담고 지나간 과거의 일을 잔잔히 얘기하여 극

내용의 역사성을 강조하며, 개인의 이야기가 아니라 인디안과 미국 역사의 증인의 기록이라는 분위기를 강화한다. 과연 프론티어가 실제 존재한 것인지, 아니면 이념적 가공물인지 하는 논의는 코스너에게 중요한 것이 아닌 듯하다. 그는 프론티어를 사라진 과거 역사의 일부분으로 기정사실화한다. 따라서 그의 영화는 인디안과 자연을 정복의 대상으로 인식한 제국주의, 자본주의에 대한 비판으로 볼 수 있다. 프론티어는 터너가 말한 개인주의와 자유의 공간이 아니라 전쟁과 폭력의 장이다. 사우스 다코다의 세지위크 요새는 프론티어이다. 원시와 문명이 만나는 곳이다. 존 던바가 처음 도착했을 때 들소의 시체가 널려 있고, 쓰레기만 있는 폐허처럼 보인다. 즉 자연을 황폐화 시키는 문명의 폐해를 보여준다. 주인공의 프론티어 일기는 무지한 군인들의 화장지로 사용된다. 백인 문명의 침입에 의해 파괴되는 인디안 문명은 결국 백인 문명에 대한 비판으로 연결된다.

그리고 소수 인종에 대한 새로운 인식이 반영되어 인디안 문화와 백인과 인디안의 관계를 새로이 그렸다. 전통적으로 오드리 헵번(Audrey Hepburn)의 <용서받지 못할 자>와 같은 영화가 보여주는 인디안의 백인 사회로의 동화가 아니라 백인의 인디안화를 보여준다. 수우족 문화는 나름대로 체계와 전통이 있는 우수한 문화로 그려진다. 악한 야만인 인디안은 40-50년대 서부극의 단골 스토리를 이루었지만, <늑대와 춤을>에서 인디안의 묘사는 복잡하다. 악한 인디안과 선한 인디안이 모두 등장한다. 백인도 선한 백인과 악한 백인이 등장한다. 포니 족과 미 기병대는 악한 인물로 나온다. 둘 다 탐욕스럽고 인간 생명에 대한 존중심이 없다. 인디안에 대한 동정심을 유발하려 하지는 않을지라도 이해에는 도움이 되는 방식으로 묘사된다. 백인 사회가 인디안에 대해 가지는 적대감도 나타나며 인디안의 폭력성도 나타난다.

<늑대와 춤을>은 40-50년대의 카우보이에 비해 많이 달라진 주인공을 보여준다. 그럼에도 불구하고 <늑대와 춤을>의 맹점은 프론티어에 대한 향수를 당연시 하고 문명화 과정을 받아들이는 모습을 보여준다는 것이다. 코스너에게 프론티어와 주인공은 백인 문명에 오염되지 않은 타락 이전의 낙원으로 전제되며, 따라서 프론티어가 이념적 가공물임을 인정하지 않는 것이다. 이처럼 거북하고 민감한 부분을 제거한 "위생적인" 수정주의 관점은 남녀 관계에서도 나타난다. 백인 인디안 여성과 결혼하는 과정도 전형적인 남성 추구 내러티브를 따르며 할리우드에서 꺼리는 이종족간 결혼을 피해 나간다. 전통적 서부극이 남성간의 관계를 중시하면서 여성은 언저리로 밀려나게 한 반면, 코스너의 영화는 로맨틱 스토리 속에 여성을 주요 인물로 등장시킨다. 결국 영화 주인공 카우보이는 미국의 인종주의, 제국주의를 비판하면서 동시에 문명화 이전의 강한 남성의 신화를 재차 강조하는 결과를 낳는다.

브로크백 마운틴

게이 카우보이

흑백의 모자를 쓴 <브로크백 마운틴>의 두 주인공 카우보이

애니 프로(Annie Proulx)의 단편소설을 영화화한 <브로크백 마운틴>은 1960년대 와이오밍 시골의 가난한 로데오 선수 잭(Jack)과 농장 인부 에니스(Ennis)의 사랑을 그린다. 깊은 산 속에서 여름 동안 양을 돌보도록 고용된 두 사람은 서로에게 끌리지만 동성애를 금기시하는 사회에 복귀하면서 정상적인 가정을 이루며 살아가려 노력한다. 그러나 결혼 후 다시 만난 두 사람은 브로크백 마운틴에서 보낸 여름에 대한 동경과 서로에의 욕망을 확인하게 되고 이로 인해 애태우며 살아간다. 잭의 죽음으로 이들의 비운의 관계는 끝나지만 브로크백 마운틴과 잭에 대한 그리

움은 에니스의 옷장에 보관되어 있는 얼룩진 셔츠로 형상화된다.

<브로크백 마운틴>은 서부극이 아니지만 카우보이 주인공을 다룬다. 그러나 앞에서 논의된 카우보이 영화의 주요 요소를 지니고 있다. 이 영화가 발표되자 "마지막" 프론티어를 개척했다고 지적한 평론가와 가정가치관을 모독했다는 비판으로 양분된다. "마지막" 프론티어는 동성애의 서부이다. 1969년 <미드나이트 카우보이 *Midnight Cowboy*> 같은 영화에서도 카우보이 동성애의 가능성이 제시되었지만 그 이후 <브로크백 마운틴>처럼 이 문제를 직접적으로 다룬 영화는 없었다. 서부극이 가지는 전통적인 보수적 이념의 무게 때문에 흥행을 위해서는 동성애와 같은 문제를 다루기가 쉽지 않다. 사실 서부극에서 남자들은 술집에서 술을 마시든 소를 몰든 여자들과 보내는 시간보다 더 많은 시간을 남자들과 지내게 된다. 이러한 환경에서 남녀관계는 그리 중요하게 다뤄지지 않는다. 그 이유는 남성간의 관계는 성적이지 않기 때문이다. 그리고 한편으로는 카우보이들 중 일부는 동성애자라는 생각은 항상 인정되었다. 비록 실제 동성애가 존재하는지의 기록은 존재하지 않지만 서부극은 남성들만의 집단에서 발생할지도 모르는 남성간 우정 안에 내제되어 있는 동성애적 감정을 다루게 된다.

<브로크백 마운틴>의 지리적 배경이 되는 와이오밍과 텍사스 사회에서 두 주인공이 사랑을 실현할 공간은 없어 보인다. 이들 공간은 호모포비아(homophobia)가 만연한 사회이다. 이 영화의 원작 소설이 발표된 1997년 와이오밍에서는 한 동성애자 학생이 동성애자에 대한 혐오 범죄(hate crime)로 사망한 사건이 있었다. 영화의 시간적 배경인 1960년대 초는 아직 동성애자 운동이 일어나기 전이다. 동성애자들의 인권에 대해 일반인들의

인식이 부족한 때이며 이들은 증오의 대상이 되었을 뿐 아니라 법적인 제재를 받는 시기이다. 에니스는 어린시절 한 동성애자가 죽임을 당하는 것을 언급하는데 그의 마음속에 그 충격이 깊이 각인되어 있다. 잭의 의문의 죽음은 호모포비아가 강한 텍사스 주민들에 의해 살해당했을 가능성이 많음을 영화는 제시한다.

<브로크백 마운틴>은 카우보이들 간의 사랑과 욕망을 그린 영화이지만 이 영화가 카우보이 전통을 따른다고 얘기 할 수 있는 것은, 단순히 두 주인공이 카우보이여서가 아니라 21세기에도 미국인의 상상 안에 살아있는 프론티어의 묘사 때문이다. 서부영화는 특징상 자연의 아름다운 풍경이 등장하고 카우보이와 자연의 교감을 다루는 경우 시적인 분위기를 만들어 내기도 한다. <브로크백 마운틴>은 시적인 영상미가 탁월하며 그것은 두 주인공의 욕망의 지리학이 자연을 통해 그려지기 때문이다. 목가적인 서부의 전통을 이 영화는 충실히 지킨다. “마지막 프론티어”인 브로크백 마운틴은 동성애적 욕망을 실현할 수 있는 이상화되고 낭만화된 공간이다. 앙 리(Ang Lee)감독은 이 아름다운 경치를 섬세한 터치로 잘 그려냄으로써 동성애적 사랑을 현실 사회와 규범과는 동떨어진 유토피아적인 것으로 나타낸다.

영화는 문명과 자연의 이분법을 최대한 활용하여 숨 막힐 것 같은 사회 규범과 대자연의 포용성을 대비시키며 <늑대와 춤을>에서처럼 카메라는 멀리 광활하게 펼쳐진 자연을 보여준다. 이 대자연 안에서 두 주인공의 사랑은 자연의 편안한 호흡 속에 묻혀진다. 이러한 목가적 분위기는 이들이 사회에서 만나는 장면의 서스펜스, 긴장감과는 대조적이다. 두 주인공의 사랑 행위는 자연처럼 길들여지지 않은 것이다. 싸우는 듯 거칠고 투박하면서도 정형화되지 않아 현존하는 언어로 규정하기 어려운 이들의

사랑은 가정 이데올로기의 테두리를 벗어나 있다.

브로크백 마운틴은 21세기 이성애적 사회 언저리에 존재하는 이데올로기의 프론티어이다. 프론티어는 본질적으로 가정과 대비된다. 이 영화의 브로크백 마운틴은 남자들만의 동성적(homosocial) 공간이다. 두 주인공이 사랑을 추구하는 과정에서 가정과 브로크백 마운틴을 오가지만 이들이 머물고 싶은 곳은 후자이다. 서부영화 마지막에 서부의 사나이가 사회를 등지고 홀로 자연 속으로 혹은 석양 속을 사라지는 데 이 영화에서는 그 곳이 브로크백 마운틴이다.

<브로크백 마운틴>의 한 장면

어둠 속으로 사라지거나 황야로 사라지는 카우보이는 문명 밖으로 나가는 것이다. 이 영화는 동성애 이야기에 전통적인 프론티어에 대한 향수를 중복시켜 놓았다. 카우보이 영화의 플롯을 전혀 가지고 있지 않지만 카우보이 전통이 얼마나 편리하게 동성애 스토리에 전용되는 지 잘 보여주며 그만큼 카우보이 이야기가 미국 문화의 정수인 것을 잘 보여준다. 그리고 <미드나이트 카우보이>처럼 만남의 장소로 도시의 모텔 방을 배경으로 하지 않고 대자연을 배경으로 선택한 것도 미국문화에 뿌리내린 프론티어의 무게를 보여준다.

카우보이의 매력

프론티어의 대자연은 <시티 슬리커스 *City Slickers*>에서처럼 도시의 남자들이 중년의 위기를 극복하기 위해 달려가는 모험의 장소이다. 카우보이는 가정과 여성에 대한 욕망보다는 모험에 대한 욕구가 더 강하다. 수잔 헤이워드는 서부극에 등장하는 반가정적 카우보이 특징을 다음과 같이 말한다.

> 납치된 순결한 여인을 구하고 난 뒤 주인공이 그녀와 결혼하는 것은 매우 드물다. 주인공의 역할은 처녀들이 서부로 와서 아이 낳고 살도록 서부를 안전하게 만드는 것이며 처녀들의 상대는 주인공이 아니라 사회가 할 일이다. 주인공은 떠나가야 한다. (503)

이스트우드의 <용서받지 못한 자>는 이러한 카우보이의 모습을 단적으로 보여준다. 전설적인 총잡이 윌리암(William)은 결혼과 더불어 총잡이의 삶을 청산하고 정착하여 살아가지만 아내의 죽음은 가정에 길들여진 윌리암의 삶 저변에 숨어있는 서부의 거친 삶에 대한 유혹을 다시 불러일으키게 된다.

사회에서 떠나는 카우보이가 미국남성의 전형이 될 수 있을까? 레슬리 피들러(Leslie Fiedler)는 미국 문학을 논의하면서 문학 속 미국남성들은 문명을 피하여 숲과 바다와 강과 같은 대자연 속으로 떠나는 도피성을 가지고 있다고 말한다. 결혼과 가정과 같은 문명의 안락함을 떠나 황야로 도피하는 미국남성의 욕망은 프론티어의 전통과 무관하지 않다. 1948년 발표된 「뗏목으로 되돌아와, 허크 자기야」("Come Back to the Raft Ag'in, Huck Honey!")란 논문에서 피들러는 프론티어 시대 미국문화는 여성의 영향에서 벗어나기 위한 남성의 도피로 특징지어진다고 주장한다. 미국

문학에 등장하는 주된 주제는 동성애적 감정을 가진 남자가 여성의 문명을 떠나 황야에서의 생활을 선택하는 것이라는 의미이다. 마크 트웨인(Mark Twain)의 소설 『허클베리 핀의 모험』(*Adventures of Huckleberry Finn*)에서 허크가 도망 중인 노예 짐(Jim)과 함께 사회를 벗어나려는 모습은 피들러가 보는 가장 원형적인 남성의 사회 탈출 이야기이다.

특히 이러한 도피와 모험 이야기에서 백인 남성의 파트너로 유색인이 자주 등장하는데, 허크를 뗏목으로 부르는 짐과 허크의 관계는 <다이하드>의 존 매클레인과 흑인 경찰 알(Al), <리썰 웨폰>의 두 흑백 주인공에 대입해도 될 것 같다. <브로크백 마운틴>에서 두 주인공의 사랑의 도피도 이러한 전통에 닿아있다.

카우보이 캐릭터의 이러한 반사회적 면은 대중매체에서 부각시켜온 정의의 사나이와 상반된다. 서부극에서 관객은 선악을 쉽게 구분할 수 있는데 카우보이는 주로 흰 모자를 쓰고 등장한다. 그리고 자연스럽게 그를 선의 편에 위치시킨다.

이러한 관념은 정치에서도 그대로 적용된다. 1962년 케네디(John F. Kennedy)대통령은 한때 미대륙을 정복하고 황야에서 문명을 만들어낸 개척인처럼 미군을 아시아 정글에서 미국을 지키는 존재로 칭했다. 특히 그린 베레 부대를 숲의 사냥꾼과 인디안 킬러의 기술을 지닌 영웅적 프론티어맨으로 칭찬했다. 월남전 중인 1965년에 키신저(Henry Kissinger)는 자신을 외교계의 "고독한 레인저"(lone ranger)로 칭하며 술집에서 총을 뽑는 카우보이에 비유하였다.

이처럼 카우보이는 미국을 대변하는 보수적인 이념의 상징으로 인식되기도 한다. 닉슨(Richard Nixon)대통령은 월남전을 수행할 때 카우보이, 개척인, 운동선수 등 이른 바 "강한 남성"을 강조하며 진정한 미국남성은 독립적이고, 모험심이 있고, 경쟁을 즐기며, 기업가적이고, 도덕적으로 올바르고, 항상 믿을 수 있는 변치 않는 성격의 소유자라고 말한다. 냉전 체제에서 이상적 미국남성이라면 프론티어에서 혹은 전장에서 적과 싸우며 고귀한 임무를 완수하는 자이고 이러한 이상적 남성상을 만족시키는 전형은 카우보이라는 것이다.

월남전 당시 존 웨인은 애국심과 월남전 찬성, 반공산주의 이데올로기로 구세대에게 이상적 남성상을 구현하는 인물로 여겨졌고 그가 만들고 주연하여 월남전 중 공개된 <그린 베레 *The Green Berets*>(1968)는 서부영화를 모방한 전쟁영화이다. 89편의 서부극에 출연한 존 웨인은 카우보이로 주로 등장하였고 실제 보수적인 힘의 논리를 피력하였다. 존 웨인은 『플레이보이』지 인터뷰에서 미국은 루즈벨트(Theodore Roosebelt)대통령 이후 나약해져서 공산주의의 확산을 초래하였고 학교에서조차 어린이들이 미국의 유산을 거부하도록 가르친다고 주장하였다. 해답은 외국의 공산주의자에게는 핵무기를 사용하는 것이요, 국내에서는 프론티어의 교훈이 필요하다고 말한다. 즉 인디언을 물리치고 서부를 정복한 전설적인 영웅들처럼 강한 개인주의 전통을 유지하는 것이다.

카우보이 차림의 루즈벨트

1980년대 레이건(Ronald Reagan)대통령은 파이어니어 정신과 프론티어 가치의 복원을 주창했다. 1983년 3월, 레이건대통령은 미국회도서관이 주관한 "미국 카우보이"('The American Cowboy) 전시회에 참석하였다. 그는 미국의 전통적인 프론티어 전통과 그 가치관에의 복귀를 주장하며 다음과 같이 연설한다 :

> 개척시대 서부 남녀의 전설은 키트 카슨, 와일드 빌 히콕, 컬래미티 제인, 매니 오클리에 이르기 까지 우리의 젊은이들의 꿈에 쓰며 있고 우리가 성인이 되어 살아가는 삶의 기준이 되었습니다. 용기 있고 자립적인 남녀 영웅들의 이상은 서부의 전설을 이루고 있습니다.
>
> Tales of Wild West men and women, from Kit Carson to Wild Bill Hickok, to Calamity Jane to Annie Oakley, are woven into the dreams of our youth and the standards we aim to live by in our adult lives. Ideals of courageous and self-reliant heroes, both men and women, are the stuff of Western lore … (Murdoch 1 재인용)

『타임』과 『뉴스위크』에 실린 레이건 모습

레이건의 말은 프론티어와 카우보이가 대변하는 과거 전통의 회복을 중시한다. 그는 캘리포니아 주지사로 정치 경력을 쌓기 이전 할리우드 배우였고 그의 주된 이미지는 카우보이였다. 『뉴스위크』와 『타임』지 표지에서 레이건은 카우보이 이미지로 부각된다. 그는 미국적 가치를 대변하는 카우보이 이미지를 활용하여 선거전에서 우위를 점할 수 있었다는 평가가 많았다. 마찬가지로 2000년대 조지 부시(George Bush)대통령은 '악의 축'을 언급하며 선악의 이분법에 따라 국가를 분류하였고, 그 자신은 텍사스의 목장에서 카우보이처럼 보이려 노력하였다. 카우보이는 미국적 정의의 사자로 부각되는 것이다. 이처럼 카우보이와 프론티어는 영화뿐 아니라 정치에서도 매력적인 이미지로 여겨진다. 이 매력은 오래 동안 지속될 것 같다.

참고문헌

Belton, John. American Cinema/American Culture. New York : McGraw-Hill, 1994.

Fiedler, Leslie. "Come Back to the Raft Ag'in, Huck Honey!" A New Fiedler Reader. New York : Prometheus, 1999. 3-12.

Hayward, Susan. Cinema Studies : The Key Concepts. 3rd ed. London : Routledge, 2006.

Keller, Alexandra. "Historical Discourse and American Identity in Westerns since the Reagan Era." Hollywood's West : The American Frontier in Film, Television, and History. Ed. Peter C. Rollins and John E. O'Connor. Lexington : UP of Kentucky, 2005. 239-60.

King, Geoff. Spectacular Narratives : Hollywood in the Age of the Blockbuster. London : I.B. Tauris. 2000.

Murdoch, David H. The American West : The Invention of a Myth. Reno : U of Nevada P, 2001.

Ryan, Michael, and Douglas Keller. Camera Politica : The Politics and Ideology of Contemporary Hollywood Film. Bloomington : Indiana UP, 1988.

Thomas Schatz. "The Western." Handbook of American Film Genres. Ed. Wes D. Gehring. Westport : Greenwood, 1988. 25-46.

Turner, Frederick Jackson. The Frontier in American History. New York : Henry Holt, 1920.

Turner, Ralph Lamar, and Robert J. Higgs. The Cowboy Way : The Western Leader in Film, 1945-1995. Westport : Greenwood, 1999.

가정가치관의 회복과 새로운 영웅

❄ 〈포레스트 검프〉

미국의 "전통적 가정가치관"

미국의 가정은 크게 변화하고 있다. 1950년대에는 70%가 전통적 가족이었다. 아버지는 일을 하고 어머니는 전업주부로 가사를 돌보며 두 자녀를 키우는 핵가족의 모습은 미국인들이 일반적으로 그리는 전통적 가정의 모습이다. 하지만 1990년대에는 이런 전통적 가정은 8%밖에 되지 않는다. 1990년대에 들어와 결혼한 두 쌍 중 한 쌍은 이혼한다. 그 결과 다수의 가정은 재혼한 부부의 자녀가 함께 사는 "혼합가정"이거나 부모 중 하나만 있는 편부모 가정이다. 1960년대만 해도 9% 정도의 어린이가 부모 중 하나만 있는 가정에 살았다. 그러나 1990년대 그 숫자는 25%나 된다. 흑인 가정에서는 거의 68%에 이르는 어린이가 편부모 하에서 자란다. 60년대 이후 이러한 추세가 두 배로 늘어난 것이다. 90년대 초 빈곤층의 60%가 싱글 맘(single mom) 가정이라는 통계도 있다. 싱글 맘 가정의 문제점을 지적한 로렌스 미드(Lawrence Mead)는 온전한 가정이 경제적 성공의 열쇠라고 말한다. 즉 경제적 기회를 확대하는 것이 문제가 아니라 망가진 가정의 약점을 극복하고 학교를 졸업하는 것이 관건이라는 것이다.

> 직장에서의 불평등은 가족구조에서 오는 불평등에 비하면 사소한 것이다. 성공을 위해 중요한 것은 아버지가 부자이냐 가난하느냐가 아니라 아버지가 누군지 아느냐 하는 것이다.
>
> The inequalities that stem from the workplace are now trivial in comparison to those stemming from family structure. What matters for success is less whether your father was rich or poor than whether you knew your father at all. (10)

이러한 상황에서 전통적 가정의 위기를 이야기하는 것은 당연해 보인다. 조화로운 질서의 축인 가정은 이미 신화가 되어버린 듯하다. 1992년 가을 『타임』지 특별호에서 「2000년을 지나 : 뉴 밀레니엄에 무엇을 예상하는가」("Beyond the Year 2000 : What To Expect in the New Millenium")라는 제목으로 이혼과 동성애 증가, 결혼 기피, 자녀 낳기 기피 현상으로 양쪽 부모 모두 존재하는 가정은 곧 없어질 것이라고 예언하였다. 가정이라는 것이 과연 살아남을지 걱정해야 한다고 까지 말한다. 그리고 가정이 해체되면서 아이 낳는 일을 가정이 하지 못하게 되면 언젠가 국가가 지원하는 아기 부화장 같은 시설이 필요할 것이라는 우려 섞인 예언까지 내놓는다.

미국사회에서 가정에 대한 관심은 지대하다. 미국사회가 가장 중시하는 가치 중에서 가정가치관을 빼놓을 수 없다. 가정을 삶의 중심으로 인정하는 미국사회에서는 가정에 의해 형성되고 유지되는 도덕적, 사회적 가치를 가정가치관(family values)이라 부른다. 이 가정가치관은 고정된 가치가 아니라 시대에 따라 변화를 거듭하며 보는 관점이 달라진다. 로렌스 스톤(Lawrence Stone)은 하버드대 강연에서 가정가치관의 변천을 설명하면서 청교도가 주류인 18세기까지 미국 사회의 소위 "전통적 가정가치관"은 기존 사회 질서를 유지하기 위한 가치였고 이는 가부장제 기초 위에 교회, 학교, 가정에서 전통적 가치에 순종하는 시민을 양성하는 것을 목표로 하는 것이라고 말한다. 이 목표에 맞게 신앙심, 권위에 대한 복종, 현실 만족, 야망 억제, 천직에 충실하기, 성적 금욕이 중요한 미덕이었다. 18세기 이후 산업화가 진행되고 상업주의가 발달하면서 신앙심대신 자기발전을 새로이 중시하였다. 이 새로운 가치는 폭증하는 도시 중산층에 의해 중요시되었고 실용주의자인 벤자민 프랭클린(Benjamin Franklin)도 이 개인의 발전을 중시하였다. 이 가치는 아메리칸 드림의 기초를 형성하였다.

매리앤 데이츠만(Maryanne Kearny Datesman)은 전통적 개념의 가정가치관에 개인주의적 요소를 첨가하여 가정의 역할은 가족 구성원에게 정서적 도움을 제공하고 자아를 성취하도록 돕는 것이라고 말한다. 데이츠만에 따르면 미국의 가정가치관은 개인이 자아를 실현하도록 도울 수 있는 집단적 협력의 장치이다. 따라서 권위에의 복종, 부모 공경, 배우자에의 충실, 책임감, 신앙심 등과 같은 보다 "전통적" 가치와 함께 보다 일반적인 가족 간의 사랑, 양육, 부양, 돌봄 등이 보편적으로 인정되는 가정가치관이라 할 수 있다. 데이츠만이 소개하는 11가지 가정가치관은 다음과 같다.

- 부모 존경
- 자신의 행동에 책임지는 것
- 신에 대한 믿음
- 권위에 대한 존중
- 한 배우자와 평생 함께하는 것
- 더 나은 모습으로 이 세상을 떠나는 것
- 가족 구성원에게 정서적 도움을 주는 것
- 사람 그 자체를 존중하는 것
- 자신의 생각을 표현하는 기술 개발
- 자녀 존중
- 개인의 잠재력을 최대한 발휘 (229)

이러한 전통적 가정가치관은 1950년대까지 유지되다가 반문화운동이 시작된 1960년대부터 무너지기 시작하였다. 쏜톤(Arland Thornton)과 영-드마르코(Linda Young-DeMarco)는 최근 한 연구에서 1960대부터 1990년대까지 40년간 가정에 관한 조사를 실시한 결과 가정 내 젠더(gender)간 평등, 개인 존중, 이혼, 혼전 섹스, 혼전 동거, 독신, 자녀 안 낳기 등과 같은 "다양성"에 대해 사회가 보다 관대해지는 새로운 현상이 생긴 것으로 파악한다. 그러면서도 동시에 결혼과 가정이 여전히 젊은 세대에게 중요한 가치로 남아있음도 확인하고 있다.

1990년대 가정가치관 논쟁

이혼 및 재혼의 증가, 편부모 가정의 증가, 결혼 인구의 감소, 가정 내 젠더 역할의 변화, 낙태 등 결혼과 가정 풍속도의 변화는 이를 바라보는 부정적 시선이 늘어나면서 논쟁이 불붙었다. 1990년대 TV에서는 <코스비 쇼 *The Cosby Show*>, <풀 하우스 *Full House*>와 같은 가정가치관을 다룬 드라마가 인기를 누리고 있었다. 극장가에서는 <나 홀로 집에 *Home Alone*> 같은 영화가 가정의 중요성을 부각시킨 시기이다. 또한 1950년 영화를 리메이크하여 1990년과 1995년에 발표된 <신부의 아버지 *Father of the Bride*> 1, 2편은 전통적인 미국 가정의 모습을 충실히 담아내며 전통적인 가정에의 향수를 불러일으켰다. 결혼하고 아이를 낳고 자녀와 함께 사는 삶은 미국 중산층의 꿈이다. <신부의 아버지>에서 자녀가 성장하고 떠나는 것에 대한 주인공 아버지의 과민반응은 전통적 가정의 모습을 유지하려는 미국사회의 욕망의 투사라 할 수 있다. 딸이 성장하여 떠나자 2편은 또 하나의 딸을 낳음으로써 가정을 유지하는 이야기를 제시한다. <신부의 아버지>

두 편을 통해 흐르는 중산층 가정의 가족애와 가정가치관은 이 영화가 90년대 뿐 아니라 현대 미국사회의 가정에 대한 정서를 대변하는 가장 대표적인 미국의 영화임을 보여준다.

그러나 반대로 같은 1990년대에 발표된 <아메리칸 뷰티 *American Beauty*>, <아이스 스톰 *Ice Storm*> 같은 영화는 가정해체를 주요 이슈로 다룬다. 가장의 위기, 배우자의 외도, 부모와 자녀간의 대화의 단절 등을 통해 전통적 가정가치관의 붕괴를 다룬다. 가정의 위기에 대해 사회가 고민하고 있을 때 당시 국가지도자 클린턴(Bill Clinton)대통령의 섹스 스캔들은 이러한 위기감에 결정타를 날린다.

1990년대에 이러한 가정가치관 논쟁에 불을 붙인 인물은 조지 부시 정부의 댄 퀘일(Dan Quayle)부통령이었다. 댄 퀘일은 대통령선거 운동 중이던 1992년 5월 샌프란시스코 코먼웰쓰 클럽(Commonwealth Club) 연설에서 가정의 중요성을 언급하였다. 이 연설에서 퀘일은 당시 인기 텔레비전 프로인 <머피 브라운 *Murphy Brown*>을 공격하면서 가정가치관의 회복을 강조하였다. 이 드라마의 주인공 머피는 미혼의 백인 커리어우먼으로 혼자 살면서 애를 낳아 기르는 선택을 한다. 퀘일은 인근의 LA 폭동의 원인이 전통적인 도덕적 가치와 가정가치관의 붕괴에 있다는 것을 강조하였다. 60-70년대의 베이비 붐 세대가 중년이 되면서 중산층 계층을 형성하고 전통적 가치를 회복한 반면, 가난한 계층은 이러한 전통적 가정가치관을 회복하는데 실패하였고 그 결과 도시에는 무질서와 체제의 붕괴가 나타났다고 주장한 것이다. 퀘일은 사회의 질서를 유지하는데 가정이 근간이 되어야 함에도 불구하고 할리우드, TV, 언론이 가정의 가치를 조롱하고 있다고 비난하였다. 그리고 이러한 가치의 붕괴에 일조한 대중문화의 대표적인 예로 <머피 브라운>을 든 것이다. 퀘일은 이 연설에서 주인공 머피 브라운이 아버지의 중요성을 무시한 것과 페미니스트적인 라이프스타일을 추구한 것을 구체적으로 비판하였다.

퀘일의 연설은 가정가치관에 대한 뜨거운 공방을 촉발시켰다. 『워싱턴 포스트지』는 퀘일의 문제 제기를 거들었다. 1992년 6월 7일자 기사는 아버지가 없는 가정의 자녀가 더 가난하고 폭력 성향이 증가한다고 말하며 아버지의 역할의 중요성을 강조한다. 가정가치관은 중요한 정치적 용어로 미국사회 전반에 재등장하였다. 퀘일의 연설에 발맞춰 공화당은 전통적 가정가치관으로의 복귀를 외쳤고, 이 해 대통령 선거전의 중요 이슈로 부각되었다. 머피 브라운과 같은 여피족 싱글 맘의 이야기는 심심찮게 대중매체의 소재가 되었다. 이러한 싱글 맘이 혼자 아이를 낳아 기르는 "선택"은 아버지와 가정을 무시하는 이기적인 개인주의로 비판받았다. 히피(hippie), 사이키델릭(psychedelic), 마약, 프리섹스가 들어오기 이전인 1950년대의 전통적 가정가치관으로 돌아가야 한다는 목소리가 커졌다. 이 목소리는 클린턴 대통령의 인턴과의 스캔들로 더욱 힘을 얻었다. 남편의 스캔들에 대해 힐러리 클린턴(Hilrary Clinton)이 대중가요의 제목을 본 따 "내 남자를 지킨다" (Stand by Your Man)라고 한 발언은 가정을 지키려는 아내의 제스처로 받아들여져 그녀에 대한 동정이 일어나기도 했다. 정부 주요 정책에 개입하여 목소리 큰 퍼스트레이디로 비난받던 그녀는 이후 대중적 인기를 누리게 된다.

1990년대 미국사회는 이처럼 가정가치관의 논쟁에서 시작하여 그 논쟁으로 끝이 났다고 하여도 과장된 것이 아니다. 퀘일의 연설은 반대로 페미니스트 진영을 비롯한 진보 단체들의 비난을 받았다. 이들 진영은 가부장적 가정보다 가정가치관의 다양성이

더 가치 있다고 주장하였다. 1992년 대통령선거는 부시와 퀘일의 재선 실패로 끝났지만 선거후 실시한 여론조사에서 유권자의 65%가 전통적 가정을 지키는 정부를 지지한다고 말하였다. 이후 2000년 공화당의 대통령 후보인 조지 부시의 선거 전략 중 하나는 클린턴과 대비되는 단란한 가정의 모습과 남편과 아내의 분명한 젠더 역할을 부각시킨 것이다. 이처럼 가정가치관은 선거 때마다 등장하는 구호가 된 것이다.

점에서 주인공은 자신의 가정을 찾아 결혼하여 아버지로 거듭나는 모습을 보여준다. 주인공의 긴 여정과 긴 이야기의 귀결점은 결혼과 가정이다. <다이 하드>의 존 맥클레인, 람보와 같은 80년대의 근육질의 고독한 액션스타와 달리 포레스트는 낭만적 사랑의 탐구자, 자상한 아버지가 됨으로써 진정한 남자가 되는 것이다. 아버지가 없이 편모 아래 자란 포레스트, 아버지에게 성적, 육체적 학대를 받으며 자란 제니에게 가장 적합한 결말이다.

이러한 내러티브의 결말을 강조하기 위해 영화는 40년간의 미국 현대사를 단순화하여 제시한다. 주로 반문화운동에 관한 이야기가 대부분이다(*반문화운동은 3장에서 상세히 소개된다). 엘비스 프레슬리(Elvis Presley), 비틀즈(Beatles), 존 레넌(John Lennon) 같은 새로운 대중문화의 주역들이 소개되고 히피, 반전운동, 흑인민권운동이 다뤄진다. 마약, 대마초, 프리섹스 등 히피문화는 스쳐지나가는 짧은 장면과 함께 언급된다. 역사적 사건 중 흑인의 백인 대학 입학, 조지 월러스(George Wallas) 알라바마 주지사 피격, 케네디 형제 암살, 닉슨의 워터게이트와 사임, 중국과의 탁구 외교와 수교, 레이건대통령 피격 등이 소개된다. 그리고 사실성을 강조하기 위해 모핑(morphing) 기법과 블루스크린 사진(bluescreen photograph) 기법을 사용하여 실제 역사적 사건 장면을 다룬 화면을 영화 화면과 합성하여 주인공을 역사의 현장에 위치시킨다.

특히 여러 차례 피격 사건이 소개되는데, 대통령의 부서지는 몸들은 반문화운동에 의해 해체되는 전통적 가치를 이미지화 한 것이라 할 수 있다. 반전운동이나 민권운동, 히피즘에 대한 부정적 묘사는 포레스트의 영웅적 행동과 대비되어 보수적인 이데올로기로의 회귀를 부각시킨다.

미국 탁구팀 대표로 중국에 다녀온 포레스트가 존 레넌과 토크쇼에 함께 출연하여 중국에 대해 말할 때 사유재산이 없고 종교가 없다는 것을 얘기한다. 이는 미국의 자본주의 체제의 우월성의 표현으로 들리지만, 존 레넌은 이를 그의 유토피아적인 1971년 곡 <이매진>("Imagine")에 반영하고 있다. BBC 여론조사에서 영국인들이 가장 좋아하는 가사 1위에 선정된 이 노래는 천국과 지옥, 국가와 종교, 소유재산이 없는 사회를 상상해보라고 노래한다. 포레스트의 종교 언급은 다음 노래 가사와 유사하다.

Imagine there's no countries
It isn't hard to do
Nothing to kill or die for
And no religion too
Imagine all the people
Living life in peace

나라가 없다고 상상해 보라
상상하기가 어렵지는 않아
무엇을 위해 죽이고 죽을 필요가 없어
종교도 없어
모든 사람이 평화 속에 사는 것을 상상해 보라

포레스트의 대사 중 사유재산 부분은 다음과 같은 노래 가사에 나타난다.

Imagine no possessions
I wonder if you can
No need for greed or hunger
A brotherhood of man
Imagine all the people
Sharing all the world

소유재산이 없다고 상상해 보라
상상할 수 있을까
탐욕과 굶주림이 필요 없어
인간이 모두 형제가 되어
모든 사람이 이 세상을 공유하는 것을 상상해 보라

이 노래 가사는 반문화운동의 요소를 담고 있다. 프로그램 사회자인 딕 캐벗(Dick Cavett)이 사유재산과 종교가 없는 나라를 "상상하기 어렵군요"라고 말하자 이에 레넌은 "노력하면 쉬워요"라고 말한다. 유토피아를 꿈꾸는 레넌은 지나친 반체제적 상상력으로 인하여 당시 비민주적인 국가인 중국에 동정적인 태도를 취한 우스꽝스런 인물로 묘사된다.

레넌은 위에 언급된 여러 피살자 중의 한 명이다. 그는 피살되기 전 민주당의 지미 카터(Jimmy Carter)대통령과 친분이 있었다. 후일 카터는 레넌의 곡 <이매진>을 위대한 곡으로 칭찬한 적이 있으며, 이 곡은 민주당 전당대회에서 카터대통령을 소개하는 노래로 쓰이기도 한다. 레넌과 더불어 카터대통령은 영화에서 조롱의 대상이 된다. 카터대통령은 조깅을 유행시킨 인물로도 유명하며 이 영화에서도 소개된다. 포레스트가 제니가 떠난 뒤 허전함을 달래기 위해 전국을 횡단하며 달릴 때 뉴스의 초점이 되는데, 이때 카터대통령이 조깅하다 쓰러진 것이 뉴스에 언급된다. 포레스트의 신체적 강인함과 카터의 유약함이 대비되는 것이다.

반문화운동의 퇴폐성과 민주당의 나약함은 케네디대통령의 죽음 뿐 아니라 영화 발표 당시 대통령이던 클린턴과도 연결된다. 주인공 포레스트가 베트남전에 참전했을 때 소대장인 댄(Dan) 중위는 아칸소 주의 리틀 록(Little Rock) 출신이며 그는 전투 중 두 다리를 잃는다. 리틀 록은 클린턴의 고향이다. 그리고 폭격 속에서 포레스트가 구하려던 흑인 친구 버바(Bubba)는 결국 죽게 된다. 이는 포레스트가 먼저 구해 준 텍스(Tex)나 달라스(Dallas)와 대비된다. 달라스와 텍스는 공화당 출신인 부시대통령 부자의 정치적 고향 텍사스를 연상시키며, 버바와 댄 중위는 민주당을 연상시킨다. 텍사스의 생존력과 남부 출신 포레스트의 강인함은 댄과 흑인과 민주당의 연약함과 대비된다. 주인공의 이름이 선조인 KKK 창설자인 포레스트 장군에서 따온 것도 주인공이 인식하지 못하는 이념적 의미를 제공한다. 즉 주인공은 자신이 인지하지 못하는 상황에서 인종주의, 성차별주의, 가부장제를 구현하고 있다.

가정가치관 회복의 내러티브

반문화운동의 퇴폐성과 연약함의 대표적 인물이 여주인공 제니라면 이러한 연약한 문화를 강하게 되살리는 인물은 포레스트이다. 영화 속 여러 반문화운동 장면들의 중심에는 여자친구인 제니가 있다. 아버지로부터 받은 학대로 인해 이 사회로부터 "새처럼 날아가 버리고 싶다"던 그녀는 정착하지 못하고 보헤미안의 삶을 살아간다. 상반된 두 주인공의 우연한 만남 뒤에는 필연적으로 제니가 떠나가는 장면이 반복적으로 이어진다. 도망 다니는 새와 같은 제니를 쫓는 프레스트는 구애자가 아닌 죽어가는 새를 구하는 구원자로 부각된다.

반문화운동의 아이콘인 조안 바에즈(Joan Baez) 같은 가수가 되고 싶다는 제니는 "바비 딜런"(Bobbie Dylan)이라는 이름으로 스트립 바에서 노래한다. 역시 반문화운동의 기수인 밥 딜런의 이름에서 예명을 얻은 것이다. 그녀는 밥 딜런의 노래 <바람에 날리며>("Blowin' in the Wind")를 부른다. 이 노래는 반전 주제를 다룬 노래이다.

제니의 사회적 반항은 성적 타락과 방종으로 묘사된다. 내시빌의 나이트클럽에서 누드로 노래할 때 그녀는 "비트닉(Beatnik) 미인"으로 소개된다. 비트닉은 50년대 비트 세대(Beat Generation)의 추종자들을 부르는 말이며 이들은 히피족으로 발전한다. 마약과 프리섹스에 탐닉한 그녀는 자살의 충동을 느끼다가 마침내 지친 몸을 이끌고 포레스트를 찾아온다. 하지만 꿈같은 시간을 함께하고 난 뒤 그녀는 떠난다. 그리고 다시 포레스트에게 편지를 보내 만나자고 한 것은 그의 아들을 낳아 혼자 기른 지 여러 해 뒤의 일이다.

제니에게 포레스트는 구원자의 역할을 한다. 제니가 마지막에 구원을 받을 수 있는 것은 그녀가 과거의 방종을 속죄할 만한 일을 한 때문인데, 다름 아니라 그녀가 아이를 생산한 것이다. 관객이 제니를 용서할 수 있는 것은 그녀가 『플레이보이』지 모델처럼 성적인 상품처럼 살다가 "똑똑하고" 건강한 아이를 낳고 아버지의 권위에 종속되기를 선택한 것 때문이다. 이 영화에 앞서 개봉되었던 <귀여운 여인 *Pretty Woman*>에서 여주인공 비비안(Vivian)은 길거리 여성이지만 마약을 하지 않는 순수하고 건전한 창녀로 구원받을 자격을 갖추고 있으며, 결국 남성의 구애를 받아 가정으로 들어올 수 있게 된다.

<포레스트 검프>도 사회적 통제 밖의 여성의 몸을 가정의 울타리 안으로 데려오는 내러티브를 따르지만 결말을 달리한다. 비트닉 여인 제니는 비비안과 같은 신데렐라보다 가혹한 처벌을 받는다. 제니를 죽음에 이르게 한 것은 에이즈이다. 에이즈는

1982년 레이건대통령 재임 당시 방종한 성에 대한 벌이라고 여겨졌다. 그녀가 싱글 맘의 생활을 정리하기로 결심하고 결혼하기로 한 것은 죽음을 앞두고 인데, 결국 죽음은 제니를 가부장적 가정 질서 안으로 편입시키기 위해 치러야 하는 대가인 셈이다.

포레스트는 제니 외에도 다른 많은 사람을 구한다. 전사한 군대 친구 버바의 가족에게 물질적인 구원을 주며, 댄 중위에게는 새로운 삶으로 이끈다. 이 영화에 앞서 발표된 올리버 스톤(Oliver Stone)감독의 반전영화 <7월 4일생 *Born on the Fourth of July*>의 주인공 론 코빅(Ron Kovic)을 연상시키는 댄 중위는 두 다리를 잃고 방황한다. 스톤 감독의 영화와 달리 로버트 제메키스(Robert Zemeckis)의 <프레스트 검프>는 방황하는 댄을 사회에 다시 편입시킨다. 댄 중위는 포레스트의 우정과 배려로 새우 어선에서 함께 일하며 재생의 삶을 살아간다. 그는 포레스트의 결혼식에 새로 사귀기 시작한 여자친구와 의족의 도움으로 걸어 들어온다.

주인공 포레스트는 이처럼 반사회적 인물들을 사회 질서로 복귀시키는 역할을 한다. 이 때문에 포레스트는 보수적 이념의 수호자로 읽혀지지만 정작 그 자신은 저능아의 순수함으로 탈이념적 삶을 산다. 그러한 모습은 제니가 떠난 뒤 2년을 달리는 데서 나타난다. 히피즘의 대명사인 <이지 라이더 *Easy Rider*>의 끝없는 질주는 포레스트의 목적도 의미도 없이 그냥 달리는 긴 탈사회적 여정으로 패러디된다. 긴 머리와 수염은 히피족을 연상시키며 사람들은 그의 달림에 대해 여러 가지 원하는 대로 의미를 부여하려 한다. 그러나 사람들의 바램과는 무관하게 포레스트는 그냥 달리고 싶어 달리며 그가 원할 때 달리기를 그만두는 등 지극히 탈이념적인 인물이며 이념을 따라 살아갈 만큼의 지능도 없다.

모험의 여정을 마치고 포레스트가 안착하는 과정은 히피즘에의 패러디를 담고 있다. 그리고 그와 댄 중위의 로맨스의 완성은 전통적 가정가치관을 강조하는 역할을 한다. 반문화 세대 여주인공이 가혹한 운명을 맞는 반면 남자주인공은 성배나 사랑 등을 찾아 획득하는 이야기 형식인 추구 내러티브(quest narrative)의 주인공다운 영웅적인 면모를 지니고 있어 결국은 그가 원하는 여성을 얻고 가정을 이룬다.

그러나 포레스트는 전통적 영웅으로서의 특징은 갖추고 있지 않다. 단지 혼란스러운 현실과 절연하고 원칙에 충실하며 살아가는 우둔함이 오히려 그를 성공으로 이끄는 장점이 된다. 모두가 자신만을 중시하는 이기적인 개인주의적 시대에 자아가 없이 오로지 남이 하라는 대로 하는 그 순진함 때문에 포레스트는 그저 앞만 보고 "달리게" 된다. 이는 결과적으로 그를 성공 신화의 주인공이 되게 한다. 남이 하라는 대로 한다는 것은 지극히 상식적인 것에 진리가 있다는 "현명한 바보" 우화를 실현하는 것이다. 즉, 개인보다는 전통과 도덕을 중시하는 반개인주의적 이데올로기가 담겨져 있다. 모두가 성적 무질서에 탐닉할 때 오로지 제니만을 사랑하고 정조를 지키는 것, 신의와 우정을 중시하는 것, 신을 의지하는 것, 약속을 지키는 것 등 전통적인 가치를 실천하는 그는 이런 점에서 가장 전통적인 영웅이다. 국가에 큰 공헌을 하고 사회에 재산을 기부하며 개인적으로는 성공의 꿈을 이룬 그는 반문화 세대의 인물과 대조적인 새로운 남성상이다.

따라서 포레스트는 가정가치관으로의 복귀를 대변하는 남성이다. 어린 시절 제니의 망가진 가정의 가학적 부성, 포레스트의 부재하는 부성을 대신할 수 있는 것은, 보다 온화하고 보다 건강한 부성과 가정으로의 복귀이다. 반문화 세대의 망가진 가정은 포레스트의 새로운 부성과 가정으로 회복된다. 영화 마지막 장면은 아들을 지키는 아버지의 역할을 충실히 감당함으로써 전통적 가정가치관을 실천하는 남성의 이미지를 부각시킨다. 타락한 여성을 가정으로 복귀시키고 댄 중위를 재생으로 이끌어 가정을 이루도록 하며 자신도 가정을 지키는 등, 이 영화는 지난 40년간 퇴락해 가는 전통적 가정의 가치를 회복시키는 주인공을 그린다.

90년대의 "검프"(바보의 의미)는 바보가 아니라 여성이 포기한 가정을 지키는 남성이다. 유사한 영화 <아이 엠 샘 *I Am Sam*>(2001)의 주인공처럼 남성이 가정을 지키고 회복하는 것은 가정의 가치를 의심할 지적인 능력조차 없는 남성들에게 너무나 당연한 것이다. 주인공 샘은 포레스트처럼 엄마 없이 혼자 자라는 어린 딸을 지키기 위해 법정 투쟁을 벌이는 등 최선을 다한다. 부성 회복과 가정가치관의 회복은 과거 모성본능처럼 부성본능으로 다뤄진다. 이런 점에서 <포레스트 검프>처럼 1994년 발표된 <주니어 *Junior*>에서 액션 스타인 아놀드 슈와제네거(Arnold Schwarzenegger)가 기존과 정반대의 이미지인 아기를 임신한 아버지로 등장하는 것은 놀랄 일이 아니다. 그리고 1993년 작 <미시즈 다웃파이어 *Mrs. Doubtfire*>도 파산된 가정에서 잃어버린 아버지의 자리를 다시 찾으려는 남성의 눈물겨운 노력을 그림으로써 여성의 자립을 중시하는 <머피 브라운>과 반대되는 부성 강조의 주제를 다룬다.

이러한 일련의 영화를 통해 알 수 있는 것은 댄 퀘일의 아버지 역할 강조와 <포레스트 검프>에 나타난 부성 회복 강조는 전통적 가정가치관을 중시하고, 가정이 사회의 중심으로 남기를 바라는 미국사회의 한 단면을 보여준다는 점이다. 그렇다고 해서 이들 영화의 남자들이 전통적인 억세고 거친 인물들은 아니다.

가사 일을 하며 아이를 엄마처럼 돌보는 감성을 지닌 새로운 남성의 모습을 지녔고, 그러면서도 가정을 중시하여 아버지의 역할을 충실히 하려는 면모를 가졌다.

그러나 다른 한편으로는 1990년대는 각 대학교에서 여성학이 정규 교과과정에서 다뤄지고 여성의 사회진출이 그 어느 때보다 활발하게 진행되는 때이다. 게이 커플이 법적 지위를 획득하기 위해 노력하고, 뉴욕시와 같은 일부 지역은 공립학교에서 동성애 커플에 관한 도서를 도서목록에 넣는 등 전통적 가정이 아닌 새로운 가정의 모습에 관용적인 입장을 보인다. 이처럼 사회 구성원들 간의 다양성에 대한 인식이 강하게 일어난 시기이기도 하다. 그리고 전통적 가정가치관의 회복 불가능성에 대해 냉정하게 이야기하는 목소리도 공존하고 있다. 가정가치관에 대해 어떠한 목소리를 내든지 한 가지 부인할 수 없는 사실은 가정 문제는 미국사회의 가장 중요한 이슈의 하나로 자리 잡고 있다는 점이다.

부성애를 강조한 <아이 엠 샘>의 한 장면

참고문헌

"Beyond the Year 2000 : What To Expect in the New Millenium." *Time* (Special issue) Fall 1992.

Datesman, Maryanne Kearny. *The American Ways : An Introduction to American Culture*. New Jersey : Prentice-Hall, 1997.

Mead, Lawrence M. "The New Politics of the New Poverty." *The Public Interest* 103 (Spring 1991) : 3-20.

Stone, Lawrence. "Family Values in a Historical Perspective." http://www.tannerlectures.utah.edu/lectures/Stone95.pdf. Retrieved. May 17, 2007.

Thornton, Arland, and Linda Young-DeMarco. "Four Decades of Trends in Attitudes toward Family Issues in the United States : The 1960s through the 1990s." *Journal of Marriage and Family* 63. 4(2001) : 1009 - 37.

이민자의 아메리칸 드림

❄ 〈파 앤드 어웨이〉

❄ 〈갱즈 오브 뉴욕〉

미국은 이민자의 나라이다. 1992년 개봉된 <파 앤드 어웨이 *Far and Away*>와 2002년의 <갱즈 오브 뉴욕 *Gangs of New York*>은 이민자의 삶을 다룬 영화이며 미국의 형성 과정 중에서 이민자의 역할을 잘 보여준다. 그와 동시에 이 영화들은 미국이 제공하는 성공이라는 꿈의 실상을 잘 보여준다.

<파 앤드 어웨이>는 특히 아메리칸 드림을 이해하기에 유용한 영화이다. 영화는 19세기말 아일랜드 하층 계급의 고달픈 삶을 보여주며, 가난한 농부의 아들인 주인공이 미국에서 새로운 출발을 하는 과정을 보여준다. 엄격한 계급제도와 소작농제도의 구세계(아일랜드)와, 무질서와 가능성이 공존하는 신세계(미국)의 대비는 미국을 자유의 땅으로 부각시키는 역할을 한다. 영화는 크게 세 부분으로 이루어지는데 아일랜드에서 주인공과 땅주인과의 갈등을 다룬 부분, 주인공이 미국에 건너와 적응하는 과정을 다루는 부분, 그리고 오클라호마(Oklahoma)에서의 땅을 얻기 위한 경주를 다룬 부분이다.

스코세지(Martin Scorsese)감독의 <갱즈 오브 뉴욕>은 <파 앤드 어웨이>가 다룬 소재를 사실주의적으로 접근하여 미국의 건설 과정에 드러난 성공 신화의 허상을 폭로한다. 이민자와 토박이 갱단의 갈등과 남북전쟁 중 징병제도에 반대하는 폭동을 통해 희생되는 아일랜드 이민자의 참상을 보여준다. 두 영화는 아일랜드 이민자 주인공 외에도 이탈리아인, 중국인, 흑인들이 등장하며 미국 초창기의 다양한 인종 집단의 갈등 양상을 보여준다.

미국 초창기 이민의 역사

여기서 잠시 미국 이민의 역사를 살펴보자. 통계에 따르면 17세기에서 20세기에 이르는 기간 동안 최소 7천만 명의 이민자들이 미국에 이민을 온 것으로 나타나고 있다. 이민의 역사는 4차의 물결로 나타난다. 1차 이민 물결은 영국인이 버지니아(Virginia)에 처음 정착한 17세기에서부터 새 공화국을 건설한 뒤인 1820년대까지이다. 최초 이주민은 백인 정착민과 흑인 노예들이었는데 백인은 주로 영국인이었고, 이어 스코틀랜드, 네덜란드, 독일, 스웨덴, 프랑스에서도 이주해 왔다. 1700년경부터 성행된 흑인 노예 거래는 1807년에 불법화하였지만 남북전쟁 때까지 계속되었다. 이 때문에 많은 흑인이 유입되었다.

<갱즈 오브 뉴욕>의 시간적 배경이 되는 제2 이민 물결(1840년대-1870년대) 동안 약 천오백만 명이 이민을 왔다. 영국인이 이민자의 주를 이루던 시기는 지나고 이제는 아일랜드인과 독일인이 주된 이주민이 되었다. 그리고 서남부 주들이 미국에 편입되면서 여기에 살던 히스패닉계가 미국 사회의 일원이 되었다.

이때 수십만 명의 중국인이 캘리포니아에 들어와 철도 건설 노동자로 정착한다. 이들은 미국에 이민 온 첫 유색인종이었고 다른 민족으로부터 많은 반발과 히스테리아를 불러일으켰다. 남북전쟁 후 서부개척이 본격화되면서 철도가 건설되기 시작하였다. 동부에서 시작된 유니언 퍼시픽(Union Pacific) 철도는 주로 아일랜드 노동자를 고용하였다. 서부 연안에서 시작된 센트럴 퍼시픽(Central Pacific) 철도는 중국인 노동자를 고용하여 건설하였다. 이 대륙횡단철도는 1869년 완공되었다.

이 후 급속히 진행된 산업화는 더욱 많은 노동력을 필요로 하였고 이민자들이 이 수요를 충족시켰다. 미국 산업화의 숨은 공로자는 이민자였던 것이다.

<파 앤드 어웨이>의 시간적 배경이 된 시기인 1880년대에서 1920년대는 제3의 이민 물결의 시기이며 이 기간 동안 가장 많은 이민자가 몰려왔다. 이 물결은 20세기 초에 절정을 이루었다. 산업화가 급속히 진행되면서 노동력이 필요했고 이에 맞춰 약 2천5백만 명이 이때 이민을 왔다. 전통적인 영국, 아일랜드, 독일 외에도 남부 유럽, 동부 유럽에서 이민을 왔는데 이탈리아, 폴란드, 그리스, 러시아, 유대인, 오스트리아, 헝가리, 터키 등에서 이민자가 유입되었다.

제4 이민물결의 시기는 1965년 이후 현재에 이르는 시기이며 이 시기의 이민자 수도 3기에 육박한다. 유럽 이민자는 20%가 되지 않으며 나머지는 압도적으로 제3세계 출신이다. 멕시코 이민자가 가장 많고 그 외 중남미 카리브해 출신 이민자와 아시아 출신 이민자이다. 2차대전 후 세계 최대 부국이 된 미국은 가난한 민족들에겐 기회와 성공의 땅으로 받아들여졌다.

<파 앤드 어웨이>와 <갱즈 오브 뉴욕>의 소재가 된 아일랜드인의 이민은 이처럼 미국이 부와 성공의 땅이라는 인식에서 시작된다. 영 제국의 억압과 가난에 시달린 아일랜드인들은 1820년대부터 본격적으로 미국으로 이민을 떠났는데 초창기는 남자들이 운하건설과 같은 노동에 종사하기 위해 미 북동부 지역에 정착하였다.

1845년 시작되어 수년간 지속된 아일랜드 대기근은 아일랜드인들을 대거 미국으로 떠나게 한 결정적인 계기였다. 감자 흉작으로 약 백만 명이 기아로 사망했고 수백만 명이 미국으로 이

민을 떠났다. 1820년에서 1930년 까지 아일랜드의 미국 이민자는 4백5십만 명으로 추정되며 1890년대 아일랜드 인구는 4백7십만 명으로 줄었다. 1845년 이전에는 주로 남자들이 이민을 떠나다가 감자 대기근 이후로는 전 가족이 미국으로 향하는 추세였다. 미국행 여비를 마련하지 못하는 극빈자는 이민을 갈 수도 없었으며, 그나마 형편이 되는 사람들이 미국행 배를 탔다. 하지만 그들은 뉴욕, 보스톤 등에 도착한 후 그 곳에서 빈털터리의 가난한 삶을 살아야 했다. 배 위에서 질병으로 많은 아일랜드인이 사망했고 때문에 이들이 탄 배는 "관 선박"(coffin ship)이라 불릴 정도였다. 이들은 보스톤, 뉴욕, 시카고, 필라델피아, 디트로이트 등 대도시를 중심으로 공동체를 형성하고 살았으며 반아일랜드 정서를 불러일으키기도 했다.

이 당시 이주한 노동자 중에는 케네디 대통령의 증조부도 있었다. 19세기 가장 많은 이민자가 들어온 민족답게 미 대통령 중 16명이 아일랜드계이다. 케네디 가문의 정치적 뿌리라 할 수 있는 매사추세츠 주 보스턴은 아일랜드계가 주류를 이룬다.

파 앤드 어웨이

프론티어에 펼쳐진 아메리칸 드림

아일랜드의 전형적인 농촌 청년 조셉(Joseph)은 지주의 횡포에 아버지와 집을 잃고 복수를 시도하다 실패한다. 지주의 딸 섀넌(Shannon)은 숨 막히는 아일랜드 상류사회의 생활에서 벗어나 자유로운 삶을 찾아 미국으로 떠나는 데, 조셉이 그녀를 따라간다. 이들의 목표는 공짜 땅을 광고하는 전단지에서 발견한 자유와 평등의 미국이다. 하지만 그들은 보스톤 항에 도착하자마자 부두의 혼란 속에서 섀넌이 가져온 은수저를 모두 잃고 자립의 희망을 상실한다. 그러나 지역 정치 보스(ward boss)인 마이크 켈리(Mike Kelly)의 도움으로 슬럼가에 방을 얻고 닭 공장 일을 하게 되면서 밑바닥 삶을 이어간다.

켈리는 두 주인공의 운명에 절대적 영향력을 미친다. 역사적으로 이러한 정치 보스는 정치 기계(political machine)라 불리는 정치 조직을 만들어 운영하였는데, 주로 이민자들이 미국생활에 적응할 수 있도록 도와주고 필요한 일자리를 주선해 주는 대신 각종 선거에서 이들 이민자들의 표를 모아주는 역할을 했다. 아일랜드계 이주민의 대부로 군림하는 켈리는 이탈리아계 이주민들에게 일자리를 빼앗기지 않으려고 신경을 쓰는 모습을 보이며 민족간 갈등 양상도 보여준다. 조셉은 켈리가 관장하는 도박 권투에 참가하여 승승장구하며 돈을 벌면서 미국에 올 때 가졌던 땅에의 희망을 다시 키워나간다. 그러나 섀넌으로 인해 중요 시합에서 지게 된다. 이 때문에 켈리의 분노를 산 두 주인공은 모든 돈을 빼앗기고 방에서도 쫓겨나게 된다.

새년은 딸을 찾아 미국에 온 부모에게 돌아가게 되고 조셉은 철도 건설노동자가 된다. 철도 건설 현장 옆으로는 새 땅을 찾아 떠나는 수많은 개척민 행렬이 지나가는데, 이 모습은 조셉을 자극한다. 섀넌과 헤어진 상실감으로 조셉이 땅의 꿈을 망각한 채 지내다가 꿈에 아버지가 나타나 그 꿈을 상기시킨다. 조셉이 미국에 온 이유는 단 하나, 160에이커의 땅을 공짜로 가질 수 있다는 전단 광고 때문이다. 그는 마침내 철도 공사장을 떠나 오클라호마의 땅 분양 행사에 참가한다. 결국 그는 원하는 땅을 얻을 뿐 아니라 사랑도 함께 되찾는다. 초원의 집을 이룰 수 있게 된 것이다.

이민자에게 미국이 기회의 땅이 된 것은 무엇보다도 광활한 개척지가 있다는 점 때문이다. 조셉이 본 광고 전단은 실제 역사적으로 실시되었던 랜드 런(land run), 혹은 랜드 러시(land rush)를 광고하는 것이다. 1862년 당시 링컨(Abraham Lincoln)대통령 정부는 홈스테드(homestead) 법안을 통과시켜 160에이커의 땅을 누구든지 가질 수 있도록 허락하였다. 5년간 땅을 경작하면 소유권을 가지는 것이다. 이 경작지 법안은 인디안 지역과 사람이 살지 않는 땅을 개척하려는 의도에서 출발하였다. 이 제도로 인해 빈 땅은 모두 개척되고 이주민이 정착하는 결과로 나타나고, 19세기말에 이르러서는 프론티어가 사라지게 된다. 새 땅을 할당하는 방법은 선착순 판매, 경매 판매, 추첨, 랜드 런 등이 있었다.

<파 앤드 어웨이>는 아직 주가 되기 전인 "오클라호마 영역"(Oklahoma Territory)의 랜드 런을 배경으로 한다. 오클라호마 지역은 19세기말 까지 인디안 영역이었다. 개척민들이 이 땅을 분양해 줄 것을 요구하였고 불법으로 이 땅에 들어가 살기도 하였다. 불법으로 들어가 사는 개척민들은 "부머"(Boomer)라 불려졌고 이들의 개척 캠페인은 "부머운동"(Boomer Movement)이라 불렸다. 랜드 런 이전에는 이들의 개척은 불법이었고 정부에 의해 제재를 받았다. 1886-87년 기간에 캔사스(Kansas)와 텍사스를 연결하는 철도가 건설되면서 부머운동은 새로운 전기를 맞이했고, 결국 철도가 연결된 오클라호마 지역은 랜드 런으로 분양되는 결과를 낳았다.

오클라호마에서 첫 랜드 런은 1889년에 실시되었고, 이어 1891, 1892, 1893, 1895년에 추가적인 랜드 런이 있었다. 역사적으로 유명한 1889년 랜드 런은 4월 22일 정오에 실시되어 약 5만 명이 참가하였다. 그 참가자 중에는 이민자들과 부머들과 과거 노예와 그 자손들이 있었다. 경주의 시작과 함께 말이나 마차를 달리는 장면은 영화 <파 앤드 어웨이>에 사실적으로 묘사되었다. 랜드 런이 정오에 실시되었지만 정식 경주 이전에 땅에 몰래 들어가 있던 사람들은 불법으로 인정되었다. 이들은 "문샤이너"(Moonshiner)라 불리거나 혹은 "수너"(Sooner)라 불렸다. 문샤이너는 달빛 아래에 몰래 땅으로 들어가 숨어 있다가 말뚝을 박는다는 의미이다. 영화

1893년 랜드 런 모습

<파 앤드 어웨이>에서 섀넌의 부모가 감시를 피해 몰래 미리 숨어 있다가 말뚝을 꽂는 장면은 이를 익살스럽게 보여준 것이다. "수너"가 지니는 부정적 의미는 20세기에 들어와 거의 사라지고 개척자의 진취적인 기상을 의미하게 된다. "수너즈"(Sooners)는 오클라호마 대학교(University of Oklahoma)의 이름이며 오클라호마 주를 대변하는 명칭이 된다. 같은 맥락에서 오클라호마 주립대(Oklahoma State University)는 프론티어 개척의 전통을 상기시키는 카우보이즈(Cowboys)를 스포츠 팀명으로 한다.

<파 앤드 어웨이>는 이처럼 역사적으로는 오클라호마 개척의 시작을 다루며 이 개척기의 주인공들이 지닌 땅에 대한 욕망을 그린다. 이 영화의 주제는 "꿈"이다. 이민자들이 미국에 건너올 때는 꿈을 가지고 오며 이 꿈은 아메리칸 드림이다. 아메리칸

드림은 경제적 성공의 꿈이며 자유와 기회에의 꿈이다. 미국에 들어오는 대표적 관문인 뉴욕의 엘리스섬(Ellis Island)에서 바라보이는 자유의 여신상은 많은 이민자들이 가장 먼저 보게 되는 미국의 이미지이며 자유와 아메리칸 드림을 의미한다.

아메리칸 드림이라는 말은 사학자 제임스 아담스(James Truslow Adams)가 1931년 『아메리카의 서사시』(*The Epic of America*)에서 처음 사용하였다. 이후 미국의 역사 전체를 흐르는 이주민들의 열망을 설명하는 개념으로 쓰이고 있다. 아담스는 이 책에서 모든 계층의 시민에게 “더 낫고 더 부유하고 더 행복한 삶을 약속하는 꿈”은 세계의 사상과 복지에 미국이 기여한 가장 큰 공헌이라고 말한다. 이어 “이 꿈은 국가의 출발 때부터 있었다. 우리가 독립국가가 된 이래로 각 세대는 이 꿈을 지켜나갔다”라고 말한다.

이 꿈이 얼마나 현실성이 있는지 의문이지만 분명 이 꿈은 미국인들에게 신화화되어 살아있다. 뉴잉글랜드(New England) 황야에 종교적 자유가 있는 새로운 삶을 건설하려 했던 청교도에서부터 독립국가 건설을 꿈꾼 건국 시조들, 계급상승과 평등을 꿈꾸는 사회적 약자들, 좋은 자동차와 집을 소유하고 좋은 교육을 받고자 하는 중산층, 단순히 일확천금을 노리며 복권을 사는 미국인들, “나는 꿈이 있어요”라고 외치며 흑백의 평등을 요구한 마틴 루터 킹(Martin Luther King), 그리고 보다 최근에는 대통령의 꿈을 키우며 “아메리칸 드림 이니셔티브”(American Dream Initiative)라는 계획을 통해 미국민에게 다시 한번 아메리칸 드림의 실현을 공약하는 힐러리 클린턴에 이르기까지 모두 이 꿈은 살아 있다.

아담스의 책이 나오기 전 19세기 미국은 풍부한 자원과 주인 없는 넓은 땅이 있어 투기와 투자를 통해 부를 이루거나 소유할 기회를 보장하였다. 특히 대륙횡단철도 건설, 석유 생산, 산업혁명으로 많은 일자리가 생겨나면서 가난한 자들에게 일할 기회가 주어졌다.

아메리칸 드림은 19세기 소설가인 호레이쇼 알저(Horatio Alger Jr.)의 소설에서 젊은 남자가 운과 용기로 성공하는 얘기를 통해 국민적 신화로 굳어지게 되었고, 알저는 이 신화 만들기에 있어서 가장 영향력 있는 인물이 된다. 이른바 "가난에서 부로"(from rags to riches) 나아가는 그의 이야기들은 재능이 있고 열심히 노력하면 성공할 수 있다는 믿음을 확립시켰다. 물질적 부의 성취를 달성한 일부 인물들은 프론티어 이후 새로운 영웅, 새로운 프론티어맨이 되었다. 오두막집에서 백악관의 주인이 된 링컨 외에도 기업가와 발명가가 새로운 대중적 영웅으로 태어난 것이다. 미국의 프론티어 정신을 이어받아 자수성가한 인물로는 맨손으로 시작하여 막대한 부를 축적한 록펠러(John Davison Rockefeller), 카네기(Andrew Carnegie), 모건(J.P. Morgan), 밴더빌트(Cornelius Vanderbilt) 등이 있다. 이들 기업가들 다수가 이민자이거나 가난한 집안 출신이었다. 이들의 성공 사례는 빈털터리가 갑부가 될 수 있다는 성공 신화를 확고하게 했다. 대중문화는 <로키 *Rocky*>, <사관과 신사 *An Officer and a Gentleman*> 등과 같은 수많은 영화에서 이를 극화한다. 물질주의에 기반을 둔 이 꿈은 피상적인 허상이라는 비판도 있다. 극작가 아서 밀러(Arthur Miller)의 『세일즈맨의 죽음』(*Death of a Salesman*), 소설가 스코트 피츠제랄드(Scott Fitzgerald)의 『위대한 개츠비』(*The Great Gatsby*) 같은 작품이 이를 비판한다.

컬런(Jim Cullen)이라는 학자는 아메리칸 드림이야말로 미국의 국가 정체성의 주요 요소라 말한다. 다른 나라들이 혈연, 종교, 언어, 지리, 공동의 역사로 하나의 국가가 기초하는 것과 달리 미국은 이러한 것이 결여되어 있는 대신 신세계, 독립혁명,

합중국 헌법에 의해 형성된 "공통적인 상상력"을 기초로 형성되었다고 말한다. 미국에 새로 들어오는 이주민은 이 상상력에 기초한 미국의 정체성 재창조에 동참했다. 이민자들이 물밀듯이 몰려오고 언어, 인종, 문화, 계층간 차이가 심화되면서 국가의 동질성에 의문이 생길 때마다 '아메리칸 드림'은 공용어의 역할을 하면서 다양한 집단을 하나로 묶어내는 역할을 하였다. 아메리칸 드림은 극빈층 흑인까지도 그 가치를 확신하며 마치 아편제와 같은 역할을 한다고 컬런은 지적한다. 아메리칸 드림이 지니는 이러한 이념적 가치는 2차대전 중 나찌에 대항하는 무기로 사용되었고 전후에는 스탈린에 대항하는 이념적 무기가 되었다는 점에서 잘 드러난다.

<파 앤드 어웨이>는 이러한 꿈을 실현하는 것을 보여줌으로써 미국 사회를 낭만화하며 아메리칸 드림이 역사적 실체임을 보여주려 한다. 이민자인 주인공에게는 시련과 갈등이 있지만 의지와 용기로 극복하여 사랑과 꿈을 이룬다는 전형적인 아메리칸 드림 이야기이다. 초기 이민사회의 모습이 아름답게 그려진 것은 결코 아니지만 주인공의 성공 이야기는 미국을 성공의 땅으로 신화화하고 있는 것이다.

갱즈 오브 뉴욕

이민자의 디스토피아

아메리칸 드림이 그려내는 미국이 이민자의 유토피아라면, 영화 <갱즈 오브 뉴욕>의 미국은 유토피아의 반대인 디스토피아(dystopia)이다. 이 영화에서의 아메리칸 드림은 허상이며 이민자들에게 악몽처럼 다가온다. <파 앤드 어웨이>에서는 아일랜드인과 이탈리아인 간의 권투 시합 외에는 구체적인 인종간, 민족간 갈등 양상이 나타나지 않지만 <갱즈 오브 뉴욕>은 다양한 갈등을 다룬다. 흑백의 갈등, 남북의 갈등, 이민자간의 갈등이 분출된다.

역사적으로도 중국인이 미국으로 대거 유입되자 1882년 중국인 배제 법안(Chinese Exclusion Act)을 제정하였는데 이는 최초로 이민을 규제하는 법이며, 이후 1920년대에 일련의 이민법이 통과되어 다양하게 이민을 규제했다. 이민법은 대체적으로 북서유럽 이민자를 선호하는 법이다. 20세기 초 미국은 말 그대로 인종과 민족의 집합장이 된다. 1909년 이스라엘 쟁윌(Israel Zangwill)은 그의 극 『용광로』(*The Melting Pot*)에서 미국사회를 용광로로 극화했다. 이는 당시 미국의 중요한 인종 담론이 되었는데 그 이유는 다양한 민족들의 조화로운 통합이 미국의 정체성을 형성한다고 보는 이상적인 시각 때문이다.

영화 <갱즈 오브 뉴욕>은 19세기 중반 뉴욕을 배경으로 한 미국 토박이 갱단과 아일랜드 이민자 조직의 갈등을 그린다. 가톨릭교 아일랜드인의 미국 이민자들은 기존 미국인들로부터 경계의 대상이었다. 주로 개신교를 믿는 토박이 미국인들은 이들이 교황의 영향을 받아 미국의 민주주의의 토대를 위협한다고 의심하였다. 아일랜드계 이민자를 싫어하는 토박이 미국인은 "도살자 빌"이라는 별명을 지닌 윌리암 커팅(William Cutting)을 중심으로 하는 갱단으로 등장한다. 암스테르담 밸론(Amsterdam Vallon)은 아일랜드인 갱단을 이끌다 윌리암 커팅에게 죽임을 당한 아버지를 복수하기 위해 다시 아일랜드인을 규합하여 그와 맞선다. 결투가 벌어지는 순간 때마침 동시에 징집 반대 폭동이 발발하며 두 갱단 간의 혈투 와중에 그 보다 더 처참한 폭동 진압이 실시된다. 암스테르담은 결국 복수에 성공하지만 폭동을 진압하는 군대에 많은 동료를 잃는다.

이 영화를 이끌어 가는 힘은 주인공의 복수 이야기와 이 두 갱단간의 싸움이다. 스코세지 감독은 극적인 효과를 위해 과장된 폭력 장면과 센세이셔날리즘을 이용하기도 하지만 전반적으로 리얼리즘을 중시한다. 여러 실제 사건과 인물을 도입하며 당시 파이브 포인츠(Five Points) 지역 사진을 바탕으로 세팅을 사실적으로 설정하고 당시 갱단의 은어를 사용하는 등 역사에 충실한 모습을 보여준다. 윌리암 커팅 역의 데이-루이스(Daniel Day-Lewis)의 19세기 뉴욕 발음은 당시 뉴욕에 살았던 시인 월트 휘트만(Walt Whitman)의 녹음된 발음을 기초로 한 것이다.

<갱즈 오브 뉴욕>의 장점은 무엇보다도 뉴욕 형성기에 드러난 다민족 사회의 갈등을 그대로 보여준다는 것이다. 윌리암 커팅, 보스 트위드(Boss Tweed), 해피 잭(Happy Jack), 몽크 매긴(Monk McGinn) 등은 실존 인물이다. 이 중 보스 트위드는 정치 조직인 태머니 홀(Tammany Hall)을 통해 뉴욕주와 뉴욕시의 정치를 장악하고 갱단과 결탁하여 이권을 거래하여 정치를 타락시킨 인물로 잘 알려진 정치 보스이다. 그는 폭동으로 죽은 시체 앞에서 표만을 생각하는 비정한 정치인으로 나타난다. 태머니 홀은 아일랜드 이민자들을 시민으로 만들어 투표에서 표를 얻으

려 하였는데 아이러니컬하게도 시민이 된 아일랜드 이민자들은 아직 낯선 조국인 미국을 위해 남북전쟁으로 내몰리게 된다. 민주당의 태머니 홀은 1870년대 아일랜드인 보스를 가지게 될 만큼 아일랜드 이민자들과 밀접한 관계를 맺고 있었다.

여러 다른 나라 출신의 이민자들이 낯선 환경에서 보호를 받고 소속감을 얻기 위해, 가난 때문에, 본토인의 적대감 때문에, 혹은 정치 조직의 이권 때문에 갱단에 가입하였다. 정치와 갱단은 밀접히 연결되어 있었다. 정치 조직은 표를 얻기 위해 갱단을 이용하였다. 갱단은 표를 얻어주는 대가로 정치 조직으로부터 돈과 일자리를 받거나 경찰로부터 괴롭힘을 당하지 않도록 권력의 보호를 받았다.

태머니 홀 외에도 네이티브 아메리칸(Native American)당이 있었다. 이들은 당시 갱단을 이용하여 자금을 확보하고 뉴욕을

장악하였다. 네이티브 아메리칸 당은 폭증하는 아일랜드계 이민자에 반대하는 "노우 나씽 운동"(No Nothing Movement)에서 출발하여 "노우 나씽당"으로 불렸다. 조직원들은 누가 반아일랜드 운동에 대해 물으면 "아무것도 모른다"(No nothing)이라는 답으로 일관하여 이 명칭이 생겼다. 이러한 조직적인 반아일랜드 운동은 정당으로 확산되어 아일랜드인이 공직에 들어가 일하는 것을 막으려 하였다. "도살자 빌" 윌리암 커팅은 이러한 정서를 대변하는 인물로 그려진다. 그는 반이민자, 반가톨릭파였다. 한편 아일랜드 이민자들은 가난과 무지 때문에 일자리를 구하기 힘들어 주로 노동일에 종사하였으며 흑인이나 타 이민자들과 일자리를 두고 경쟁 관계에 있었다. 일자리를 지키기 위해 폭력을 사용하였고 영화는 이러한 아일랜드인 폭력조직을 잘 보여준다.

당시 미국은 이러한 민족간 갈등 외에도 노예제도로 인한 남부와 북부간의 갈등이 결국 전쟁으로 발전하여 극심한 혼란에 빠져 있었다. 북군은 군인이 부족하여 지원을 촉구하기 위해 징집법을 통과시켰다. 영화 <갱즈 오브 뉴욕> 속에는 징집자를 추첨하여 정하는 모습과 이민자들이 미국 땅을 밟자마자 군복을 입혀 전장으로 내몰리는 장면이 보인다. 새로운 징집법에 의하면 징집대상자는 입대하거나 이를 면하기 위해서 300달러를 납부하여야 했다. 이는 돈 없는 가난한 서민에게는 부유층을 위한 차별적인 법으로 인식되었다. 1963년 7월 남북전쟁 중 징집이 시작되었고 이에 반대하는 수천 명의 뉴욕 시민들이 폭동을 일으켰다. 주동자는 주로 아일랜드인이었고 타 이민자들이 합세하였다. 다른 도시에서도 폭동이 일어났다. 이 폭동은 징집에 반대하는 것이었지만 흑인에 대한 폭력으로 이어졌다. 흑인들이 살해되거나 린치를 당하고 죽은 시체를 불사르는 참혹한 장면이 연출되었다.

흑인은 분노의 희생양이었다. 폭도들은 공화당 신문 『뉴욕 트리뷴』(*New York Tribune*)도 공격하였다. 경찰이 폭동을 진압하지 못해 군인이 투입되었다. 폭동 진압으로 인한 사망자 중 다수가 아일랜드인이었다.

인종 간 갈등은 오락문화에서도 나타난다. 이는 바우어리(Bowery)극장 공연 중 링컨대통령에 대한 야유에서 잘 드러난다. 노예해방을 주장하는 링컨과 『엉클 톰의 오두막』(*Uncle Tom's Cabin*)에 대한 패러디는 흑인에 대한 반감에서 기인한다. 아일랜드 리듬과 흑인의 춤이 혼합된 춤(탭댄스)을 비난하는 윌리암 커팅의 타인종, 타민족에 대한 반감도 나타난다.

이러한 아비규환의 모습이 과연 미국의 본 모습인가? 스코세지 감독은 미국의 뿌리를 뉴욕의 파이브 포인츠(Five Points)에서 찾고 있으며, 이 영화에서 본 뉴욕 슬럼가 모습은 지옥과 다름이 없다. 19세기 당시 공장이 들어서고 이민자들이 유입되던 슬럼가인 파이브 포인츠는 독일과 아일랜드 이민자, 중국인, 흑인, 토박이 백인 등 다양한 인종들이 모여 사는 인종 집합소이다. 열악한 환경에서 생활하면서 이민자들은 범죄와 매춘에 쉽게 빠져든다. 당시 이곳의 열악함은 악명이 높아 링컨대통령을 비롯하여 영국의 소설가 찰스 디킨스(Charles Dickens), 미국의 소설가 허먼 멜빌(Herman Melville), 시인 휘트만도 방문한 적이 있다. 당시 미국을 여행 중이던 디킨스는 파이브 포인츠를 본 충격을 『아메리칸 노트』(*American Notes*)에 다음과 같이 쓴다 : "오물이 코를 찌르고 ... 방탕으로 모든 집들이 조로하게 만들고 ... 썩은 기둥이 무너져 내리고 땜질하고 부서진 유리창이 술 취해 싸우다 다친 눈처럼 인상을 찡그리고 ...혐오스럽고 쇠약해지고 썩어가는 것들이 모두 여기에 있다."

19세기
뉴욕의 파이브
포인츠 거리

파이브 포인츠는 이후 1890년대에 들어서 이탈리아 이민자들이 장악한다. 폴 켈리(Paul Kelly)라는 이탈리아 시실리 출신 이민자가 파이브 포인츠 갱을 조직하고 많은 악명 높은 갱단원을 배출하였다. 그 중에는 20세기 초에 악명 높았던 알 카포네(Al Capone)도 있다. 이어 중국 이민자가 이곳에 들어왔다.

이 영화 속의 뉴욕은 이상향과는 거리가 먼 지옥과 같은 곳이다. 영화가 보여주는 과장된 폭력의 미학은 미국의 모습을 포장하여 미화한 타 영화와 차별화를 시도한 것이다. 마지막 장면은 뉴욕시의 과거와 현재의 모습을 연속적으로 오버랩하여 보여준다. 이것은 현재의 뉴욕의 화려한 모습을 과거의 어두운 모습을 통해 보기를 강요한다. 영화의 이러한 리얼리즘은 당시 미국 사회의 어두운 단면을 날카롭게 포착하여 고발하는 효과가 있다. 그리고 오늘의 뉴욕은 과거 수많은 이민자 물결이 만든 것이라는 것을 보여준다.

<갱즈 오브 뉴욕>에 그려진 것처럼 타민족에 대한 혐오를 폭력으로 표현하는 현상은 19세기말에 국한된 현상이라고만 해야 할지, 아니면 21세기 미국사회에도 여전히 문제가 되는 것인지에 대한 의견은 분분하다. 분명한 것은 다양한 문화와 인종이 하나의 용광로에 녹아든다는 동화(assimilation)의 담론은 거의 사라졌다. 그 대신 "샐러드 보울"(salad bowl)이나 "모자이크"가 적절한 담론으로 인정받고 있다. 다문화주의를 강조한 이 개념은 각각의 문화의 개별성을 인정하고 존중하는 다원화시대의 산물이라 할 수 있다.

이민 초기에 형성된 지배적 문화인 백인 앵글로색슨・중산층・프로테스탄트(소위 WASP) 문화의 영향력은 막강하여 영어를 사용하지 않는 비 개신교의 유럽, 유대인, 아시아 문화를 흡수하고 동화시키려 하였다. 미국 경제의 발달로 성공의 기회가 확대되면서 자유, 평등, 성공의 꿈과 같은 미국적 가치는 이민자의 태생적 문화보다 더 큰 매력으로 다가왔다. 백인들은 문화적 차이를 극복하고 동화에 큰 어려움이 없었지만 아시아계, 히스패닉계, 아프리카계 등 유색인종은 상대적으로 어려움을 겪었다. 특히 흑인들은 이민자들과 달리 노예의 후예로서 노예제 폐지 후에도 오랫동안 차별에 시달렸고 가난과 무지로 인해 백인과 동등한 기회를 가지고 경쟁할 기회를 가질 수 없었다.

다원화 사회를 표방하는 현재의 미국사회에서도 여전히 문화 간, 인종 간 갈등은 상존하고 있으며 가장 대표적인 예가 1991년 LA폭동이다. 그리고 2004년 영화 <크래쉬 *Crash*>는 제목이 의미하는 대로 인종 간, 문화 간 "충돌"을 그리고 있다. <크래쉬>는 유색인종을 너무 부정적으로 묘사하고 있어 균형 잡힌 시각을 가지지 못한다는 비판이 있지만 미국사회에 문화 간 갈등이 얼마나 중요한 문제인지 잘 보여준다.

인종과 문화가 서로 다른 사람들 간의 갈등은 정부의 정책에 반영되기도 한다. 미국 정부는 여러 차례 이민법을 개정하여 유입되는 이민을 규제하려 했다. 이는 아마도 이민자들이 미국사회에 미치는 영향력을 반증하는 것일 것이다.

참고문헌

Adams, James Truslow. *The Epic of America.* Phoenix : Simon, 2001.

Cullen, Jim. *The American Dream : A Short History of an Idea That Shaped a Nation*. Oxford : Oxford UP, 2004.

Dickens, Charles. *American Notes for General Circulation*. London : Penguin, 2001.

Morgen, David, Mark Busby, and Paul Bryant, eds. *The Frontier Experience and the American Dream*. College Station : Texas A&M UP, 1989.

Tindall, George Brown, and David Emory Shi. *America : A Narrative History*. 7th ed. Vol. 2. New York : Norton, 2007.

냉전의 역사와 매카시즘의 할리우드

〈혐의와 유죄〉

미국 역사에서 여러 차례 어두운 시기가 있었는데 남북전쟁, 베트남전쟁, 세일럼(Salem) 마녀재판이 여기에 속한다 할 수 있다. 그리고 1950년대 광풍처럼 일었던 매카시즘(McCarthyism)도 가장 암울한 사건의 하나로 기록되고 있다. 할리우드는 이 매카시즘의 역사와 특별한 관계를 가지고 있는데 매카시즘의 가장 큰 피해자 중의 하나가 할리우드 영화계였다. 이 때문인지 할리우드는 지속적으로 이 문제를 영화화하였다.

1950년대 미국사회를 뒤흔든 매카시즘의 열풍이 한창일 즈음 이 문제를 직간접적으로 다룬 영화들, 즉 <프론트 *The Front*>(1960) <워터프론트 *On the Waterfront*>(1954), <하이 눈 *High Noon*>(1952) 그리고 <침묵의 소리 *Inherit the Wind*> (1960)가 발표되었다. 이로부터 30년이 지난 1990-2000년대에 매카시즘을 다룬 영화가 연이어 발표된다. <혐의와 유죄 *Guilty by Suspicion*>(1991), <시민 코온 *Citizen Cohn*>((1992), <시련 *The Crucible*>(1996), <마제스틱 *The Majestic*>(2002) 그리고 <굿나잇, 굿럭 *Good Night, and Good Luck*>(2005)이 대표적인 영화들이다. 1980년대 말 공산권 붕괴 후 할리우드는 자본주의 체제의 우월성에 대한 국민들의 확신을 바탕으로 보다 자유롭게 매카시즘의 역사를 직접적으로 다룰 수 있게 된다. 50-60년대에 이미 수많은 영화가 이 문제를 다루었지만 할리우드는 매카시즘과 단절할 수 없는 아픈 관련을 맺고 있으며 미국민에게 매카시즘의 역사는 지나간 냉전시대와 더불어 쉽게 잊혀질 만한 것이 아닌 듯하다.

매카시와 하원 반미특위

1950년대 매카시즘은 1930년대와의 싸움이다. 1930년대 유럽 파시즘의 확산과 미국 내 경제대공황의 여파로 미국 공산당은 파시즘에 반대하면서 일부 국민의 호응을 얻기 시작했고 동시에 노동조합의 번창에 힘입어 가입자가 증가하였다. 2차대전 중 소련과 연합하면서 공산주의는 미국 내에서 큰 이슈가 되지 않았다. 그러나 종전 후 상황이 급변했다. 유럽의 전통적인 강국들이 몰락하고 소련이 강국으로 부상하면서 동유럽 대부분을 장악하고 1949년에는 핵무기를 개발하였다. 동시에 아시아에서는 중국과 한반도의 반이 공산화되고 1950년 한국전쟁이 발발하면서 위기가 고조되었다. 소련과 핵전쟁을 할지도 모른다는 두려움으로 미국 내에서는 소련 핵폭격에 대비한 민방위훈련이 실시되고 가정에 피난용 벙커가 만들어졌다.

소련의 군사력과 영향력이 강화되면서 냉전이 심화되고 미국은 반공주의 광풍에 사로잡힌다. 1940년대 말부터 50년대 말까지 미국은 반공산주의적 이념 논쟁에 휩싸이게 되는데 수많은 사람들이 공산주의자, 혹은 공산주의 "동조자"(fellow traveller)로 의심받거나 조사를 받게 된다. 일부는 스파이 혐의를 받았다. 주된 조사 대상은 정부 관료와 연예계 인사들, 그리고 교육자, 노동운동가들이었다. 미국사회에 위협이 되는 "전복적" 행위를 조사하기 위하여 많은 위원회가 활동하였고 FBI 등과 같은 수사기관이 동원되었다. 이 중 가장 대표적인 조사 주체가 하원 반미활동위원회(House Un-American Activities Committee)이다. 하원 반미위원회는 매카시즘 관련 조사의 주된 주체였는데, 냉전체제 이전에는 주로 나찌와 연관된 선전활동을 조사하는 일을 하였으나 전후에는 공산주의 활동을 조사하였다.

그리고 매카시즘의 주역은 이 말의 어원이 된 위스콘신 출신 상원의원 조셉 매카시(Joseph McCarthy)이다. 그는 1950년 2월 한 집회에서 연설하던 중 205명의 미 공산당원이 미 국무부에 근무한다고 주장하며 리스트가 적혔다는 종이를 꺼내 보였다. 이 말은 언론의 관심을 받았고 국민들에게 큰 충격으로 다가왔다. 이어 발발한 한국전쟁과 더불어 미국인들은 두려움에 떨었고 전 미국사회는 마녀사냥의 광풍에 휩싸인다. 매카시는 1953년과 1954년 상원 정부운영위원회(Committee on Government Operations) 산하 조사소위원회(Permanent Subcommittee on Investigations) 위원장으로 수많은 청문회를 실시하였다. 그는 "빨갱이 사냥"을 지휘했는데 그 중 『미국의 소리』 방송과 국무부 도서관 목록을 조사했고 공산주의 관련된 도서를 제거했다. 매카시는 육군 고위 장교를 조사하다가 육군과 뜨거운 논쟁을 벌이기도 했으며 이는 전 미국에 텔레비전으로 생중계되었다.

조셉 매카시 상원의원

매카시는 처음에는 1930년대 뉴딜 정책과 관련된 민주당 인사들을 목표로 하였다. 트루만(Harris Truman)대통령, 마샬(George Marshall)장관, 애치슨(Dean Acheson)장관 등이 이끄는 민주당 정권이 공산주의에 너무 유약하며 강경하게 대처하지 않는 것을 비난하였다. 이 과정에서 트루만대통령은 위험한 진보주의자로로 비춰졌고 1952년 대통령선거에서 결국 아이젠하워(Dwight Eisenhower)에 패배하여 낙선했다. 트루만의 패배는 매카시를 더욱 의기양양하게 만들었고 사람들은 이제 그를 비판하는 것을 두려워하였다. 그것은 당시 미국사회에서 매장되는 것이나 다름없었다. 반대자들은 매카시의 동성애 문제를 제기하였으나 매카시는 공개적으로 대응하는 것을 피하고 여비서와 결혼하였다.

매카시의 좌충우돌 마녀사냥 방식은 아이젠하워대통령조차 문제가 있다고 인식하였고 많은 언론의 비판의 대상이 되었다. 영화 <굿나잇, 굿럭>에 등장하는 CBS방송국의 에디 머로(Eddie Murrow)는 매카시 비판자의 한 사람이었다. 그리고 마침내 1954년 국회에서 매카시를 탄핵하였고 그는 조사소위원장직에서 물러났다.

매카시즘 조사에 소환된 인사는 대부분 30년대에 공산주의에 관심을 가졌거나 가담한 자들이었다. 그들은 조사에서 유명한 다음의 질문을 받았다 : "당신은 지금 미 공산당 당원이거나 과거에 당원이었던 적이 있습니까?" 이 심문을 받은 인물들은 과거 공산주의적 신념을 버렸다는 것을 증명하기 위해서는 자백을 하고 과거의 동료 공산당 가담자를 거명할 것을 강요받았다. 이것은 마녀사냥이었고 반공산주의적 "히스테리"였다. 당시 사회적 분위기는 구체적 증거가 없어도 이름이 거명되거나 혐의만으로도 공산주의자로 몰리기에 충분하였다.

혐의와 유죄

매카시즘과 할리우드

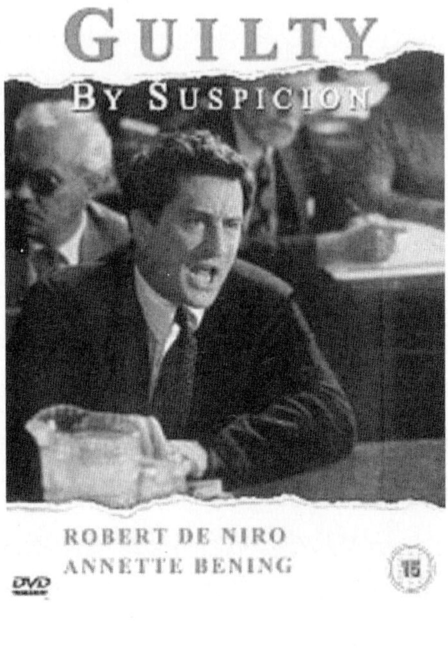

<혐의와 유죄>는 <굿나잇, 굿럭>과 더불어 최근 발표된 매카시즘 소재 영화 중 가장 사실적으로 당시 상황을 극화한다. 흑백영화인 <굿나잇, 굿럭>이 다분히 다큐멘터리적 요소를 갖추고 있는 반면에 <혐의와 유죄>는 당시 실존 인물들을 소재로 사용하면서 극영화의 요소를 살린 영화이다. <혐의와 유죄>는 특히 1951년 할리우드 영화계에 대한 매카시즘의 영향을 다루고 있다. 제목이 보여주듯이 매카시즘 하에서 혐의만으로도 충분히 유죄가 되는 상황에서 할리우드는 무기력하기만 하였다.

영화의 스토리는 다음과 같다. 유능한 영화감독인 데이비드 메릴(David Merrill)은 프랑스에서 영화제작을 마치고 귀국한다. 마침 이 당시는 공산주의자 색출 작업이 한창인 때이며 한때 공산당 모임에 관심을 가졌던 그도 조사를 피할 수는 없다. 메릴의 든든한 후원자이자 영화제작자인 20세기 폭스사의 대릴 재넉(Darryl Zanuck, 실존 인물)은 메릴을 만나자마자 영화제작을 위해서는 그래프(Felix Graff) 변호사(역을 맡은 배우 Sam Wanamaker도 블랙리스트에 오른 인물이다)를 만나 먼저 해결해야한 문제가 있다고 말한다. 영문을 모르는 메릴은 그래프를 찾아간다. 그래프는 메릴이 공산주의 조사 당국에 필요한 증언을 하면 다시 일할 수 있다고 말한다. 같이 있던 FBI 요원은 메릴이 자백을 하고 자신을 "정화"하라고 요구한다. 특히 죽마고우 버니(Bunny Baxter)를 비롯한 일부 인물에 관한 증언을 강요한다. 이 자리에서 메릴이 해군장교 출신이며 참전용사이며 10여년 전에 공산당 모임에 한두 번 참석한 적이 있었고 그 모임에서 쫓겨났다는 사실이 드러난다. 메릴은 공산당 모임에 참석한 것이 오래 전 일이고 자신은 공산주의자도 아니라고 항변하지만 별 소용이 없다. 남에게 피해를 줄 수밖에 없는 이름대기를 강요당하자 그는 협조를 거부한다. 그 결과 그는 청문회에 소환되어 공개 증언을 해야 하고 폭스사 영화 일도 박탈당한다. 생활이 궁해진 메릴은 여러 곳에 전화해보지만 일을 구하지 못하게 된다. 그 유명한 '블랙리스트'에 오르게 된 것이다.

영화는 이어 주인공이 일을 얻지 못하고 전전하는 모습을 보여준다. 뉴욕 브로드웨이에 가서도 일자리를 얻지 못하고 겨우 얻은 가게 일자리는 그를 방해하는 FBI 때문에 잃게 된다. 방해공작에 일할 곳을 찾지 못한 메릴은 할리우드로 다시 돌아온다.

메릴은 한 때 영화 일에 빠져 가정을 잃었지만 이제 일자리를 찾지 못해 이혼한 아내 집에 얹혀산다. 아내는 교사 일을 다시 하게 된다. 친구 버니가 찾아와 메릴의 이름을 자백하라는 압박을 받고 있음을 호소한다. 그의 또 다른 친구로서 역시 블랙리스

<혐의와 유죄>의 한 장면

트에 올라있는 배우 도로시(Dorothy Nolan)는 남편의 변절과 이혼, 아들 양육권 상실로 방황하다가 메릴이 보는 앞에서 자살한다. 도로시의 남편은 수사 당국에 굴복하여 동료의 이름을 댄 것이다.

2007년 오스카 수상 감독으로 유명한 마틴 스코세지는 영화 속에 블랙리스트에 오른 영화감독 역으로 잠시 등장한다. 영화 속의 이 영화감독 인물은 청문회 소환을 피해 제작 중이던 영화를 포기하고 미국을 떠난다. 메릴은 결국 청문회에서 증언을 하게 되지만 자신에 관한 이외에 타인에 관해서는 증언을 거부한다. 이어 친구 버니도 증언대에 서지만 묵비권을 행사한다.

어떤 재현의 장르든 사회의 이데올로기로부터 자유로울 수

는 없으며 할리우드 영화는 다양한 이데올로기의 각축장이다. 매카시즘 시대 할리우드에는 30년대의 좌파 인사들이 다수 활동하고 있었다. 이들은 주로 반파시즘 영화를 제작하였다. 따라서 할리우드는 매카시즘의 손쉬운 표적이 되었고 그 결과 할리우드는 매카시즘으로 인해 다른 어떤 분야보다 큰 타격을 입었다. <혐의와 유죄>는 매카시즘 열풍에 흔들리는 할리우드를 잘 보여준다. 영화는 개개인의 고통을 주로 다루고 있지만 역사적 컨텍스트와 실제 세부 사항을 충실히 잘 반영하고 있다.

미국 영화업계와 매카시즘의 악연은 1938년 하원 반미활동위원회가 공산당이 영향력을 미치고 있다고 의심되는 뉴딜정책 관리 부서를 조사하면서 시작된다. 경제대공황을 극복하기 위한 뉴딜정책의 일환으로 미 정부는 공연예술 활동을 지원하기 위한 연방 연극 프로젝트(Federal Theatre Project)를 실시했는데, 이 프로젝트는 반미활동위원회의 주된 조사 대상이 되었다. 이 프로젝트에는 다수의 좌파 연극계 인사와 영화인이 관계하였다. 1947년 공화당 주도의 반미활동원원회는 9일간의 청문회를 열어 할리우드 영화계를 조사하였다. 위원장은 공화당의 토마스 파넬(Thomas Parnell)이었고 후일 대통령이 된 리차드 닉슨도 위원이었다. 조사 과정에서 41명의 증인이 소환되었는데 이 중에는 게리 쿠퍼(Gary Cooper) 등 유명인이 다수 있었고 할리우드 배우조합장이던 로널드 레이건도 있었다. 이 때의 조사 직후 나찌를 피해 미국에서 살고 있었던 독일 출신 극작가이자 연출가인 브레히트(Bertolt Brecht)는 동독으로 떠났다. 대부분 인사들은 조사에 협조하였으나 이 중 10명은 최후까지 조사에 답하길 거부하였고, 국회 모독죄로 유죄를 선고받고 형을 치렀다. 증언을 거부한 이들 10인은 "할리우드 텐"(Hollywood Ten)으로 알려져 있다.

그 리스트는 다음과 같다.

베시(Alvah Bessie) 시나리오 작가
비버만(Herbert Biberman) 시나리오 작가, 감독
콜(Lester Cole) 시나리오 작가
드미트릭(Edward Dmytryk) 감독
라드너(Ring Lardner Jr.) 시나리오 작가
로슨(John Howard Lawson) 시나리오 작가
몰츠(Albert Maltz) 시나리오 작가
오니츠(Samuel Ornitz) 시나리오 작가
스코트(Adrian Scott) 시나리오 작가, 프로듀서
트럼보(Dalton Trumbo) 시나리오 작가

이 중 드미트릭 감독은 결국 조사에 협조하여 풀려났지만 나머지는 비협조로 일관하여 형을 살고 일자리를 구하지 못하였다. 험프리 보가트(Humphrey Bogart) 등 일부 영화인들은 "미헌법 제1수정안 위원회"를 만들어 조사에 협조하지 않아 블랙리스트에 오른 "비우호적 증인"을 지지하고 조사에 대한 비판을 선언했다. (헌법 제1수정안은 종교, 표현의 자유, 집회의 자유를 보장하는 미 헌법 수정안이다.)

1951년 반미활동위원회는 또다시 할리우드에 대한 조사를 실시하였고 수많은 작가, 감독, 배우들이 조사를 받았다. 이들 할리우드 인사들은 이전과 달리 전략을 바꿔 헌법 제1수정안이 보장하는 권리를 주장하기 보다는 헌법 제5수정안에 따라 묵비권을 행사하였다. 따라서 국회 모독죄는 피하였지만 비협조한 사람들은 할리우드 블랙리스트에 올랐다. 이 리스트는 점점 수가 증가해서 320명에 이르렀다. 블랙리스트에 오른 인물들은 할리우드에서 일을 하지 못하게 되었다. 블랙리스트에 오른 인물 중에는 작가 릴리안 헬먼(Lillian Hellman), 아서 밀러(Arthur Miller), 클리

포드 오데츠(Clifford Odets), 리차드 라이트(Richard Wright), 배우 오손 웰즈(Orson Wells), 에드워드 로빈슨(Edward G. Robinson), 물리학자 프랭크 오펜하이머(Frank Friedman Oppenheimer), 지휘자인 레오나드 번스타인(Leonard Bernstein)도 포함되었다. 블랙리스트에 오른 배우 찰리 채플린(Charlie Chaplin)과 리차드 라이트, 제임스 볼드윈(James Baldwin) 등 일부 좌파 지식인이나 작가, 예술가는 미국을 떠나 유럽으로 갔으며 수많은 가정이 붕괴되기도 하였다.

<혐의와 유죄>는 매카시즘으로 붕괴되는 가정의 모습과 미국을 떠나는 영화인의 장면을 그대로 담고 있다. 이 영화는 반미활동위원회의 1951년 조사를 배경으로 하고 있다. 영화의 첫 장면은 메릴의 친구이자 도로시의 남편인 래리(Larry Nolan)가 비공개 증언을 하는 장면이다. 여기서 래리는 "진흙탕 속을 기어가지 않게 해 달라"고 애원하는데 동료의 이름을 대는 것을 진흙탕에 비유한 것으로, 실제로 당시 조사를 받았던 배우 래리 팍스(Larry Parks)가 한 말을 영화 대사로 옮긴 것이다. 래리 팍스는 눈물로 호소하다가 자신이 공산당원이었음을 자백하였고 블랙리스트에 올랐다. 영화 마지막 장면에서 주인공 메릴의 친구 버니는 미 헌법 수정조항 제5조를 택하여 묵비권을 행사하는데 이는 실제 많은 소환자들이 국회 모독죄를 피하기 위해 택한 방법이었다. 그러나 증언 거부는 블랙리스트에 오르는 결과가 되고 할리우드에서 발붙일 곳을 찾지 못하게 된다. 메릴은 감독의 크레딧을 포기하고서라도 영화제작을 하고 싶어 하지만 이 또한 FBI의 방해로 불가능하게 된다.

<혐의와 유죄>는 매카시즘이 가져다 준 고통을 개인과 가정의 모습을 통해 담담하게 그리고 있다. 이 영화가 보여주는 것은 조사를 당하는 당사자들에게 이 조사가 공산주의를 신봉하는냐

의 문제가 아니라는 점이다. 주인공과 그 친구들에게 있어서 사상에 관한 조사는 동료에 대해 불리한 증언을 하지 않을 것인지 아니면 협조하고 자신의 일을 계속할 것인지 선택해야 하는 것을 의미한다. 그 결과는 가정이 망가지고 친구 간의 돌이킬 수 없는 배신을 의미한다. 그만큼 개인의 삶에 엄청난 결과를 낳는다. 남편 래리의 증언으로 도로시의 가정이 파괴되고 메릴의 가정도 파괴되며 친구간의 우정도 금이 간다. 텔레비전에서는 한 어린 형제의 부모가 스파이 혐의로 사형된다는 뉴스가 방송된다. 이 어린 자녀가 받는 고통은 부모가 국가에 행한 해악에 대한 작은 대가라는 아나운서의 말이 들려온다. 이를 보고 있던 메릴의 아들 폴리는 아버지에 대한 불안감에 사로잡힌다. 이 영화는 진짜 공산주의자뿐만 아니라 이들에게 불리한 증언을 하고 이름을 댄 사람들, 그리고 공산주의에 동정적이었던 사람들조차도 모두 파멸되는 양상을 보여준다.

영화 첫 부분에 메릴이 할리우드로 돌아오는 날 가까운 동료들이 모여 환영 파티를 벌인다. 여기서 친구 버니가 환영 연설을 하면서 언급하는 언어인 "동무"(comrade)라는 호칭은 1930년대 공산당 시절의 잔재로 들리기도 하지만 친구라는 말처럼 친근하게 들리는 일상의 언어이기도 하다. 이념적 무게가 제거된 이 언어만큼 이 모임도 단순히 친구들의 모임으로 보인다. 이들의 삶 어디에도 이데올로기의 흔적은 느껴지지 않는다. 그러나 이러한 일상적 파티 와중에도 어둠 속 주차장에서 참석한 자들의 차량번호를 적어가는 감시의 손길이 있다. 이처럼 반공산주의의 지배담론은 사회 전반에 무거운 중압감으로 다가온다. 매카시즘은 "동료"와 "동무"를 구별하기를 원하지만 이들 인물들에게 이를 구분하는 경계선은 불분명하기만 하다.

"이름대기"의 질곡과 영화인들 : 카잔과 밀러

<협의와 유죄>의 대본을 쓴 아브라함 폴론스키(Abraham Polonsky)는 실제 블랙리스트에 오른 인물이었다. 그는 공산주의자로 50년대 블랙리스트에 올랐고 그 때문에 가명으로 작품 활동을 하였다. 그는 원래 이 영화에서 주인공 메릴을 공산주의자로 설정하였지만 어윈 윙클러(Irwin Winkler) 감독이 캐릭터를 순화하여 단순히 부당한 탄압에 협조를 거부하는 진보적 인물로 바꾸었다. 이에 불만을 가진 폴론스키는 영화 크레딧에서 자신의 이름을 빼도록 하였다. 할리우드 블랙리스트에 오른 인사들 대부분이 작가였고 이들은 가명으로 작품 활동을 할 수 밖에 없었다. 이렇게 사용하는 가명을 "프론트"(front)라고 불렀고 이는 우디 알렌(Woody Allen) 주연의 동명 영화의 소재가 된다.

영화 <프론트>는 블랙리스트 작가인 월터 번스타인(Walter Bernstein)이 쓰고, 역시 블랙리스트에 오른 마틴 리트(Martin Ritt)가 감독을 하고, 존 랜돌프(John Randolph) 등 다수의 블랙리스트 배우가 출연하였다. 그 외에도 <하이 눈>, <시련>, <워터프론트> 등 매카시즘을 직간접으로 다룬 영화는 모두 이러한 매카시즘의 비극을 경험한 작가나 감독이 만든 영화이다.

이 중 특히 잘 알려진 영화인 <하이 눈>의 대본을 쓰고 제작한 칼 포어맨(Carl Foreman)도 영화가 제작 중이던 1951년 청문회에 소환되었고 결국 동료 이름대기 거부로 <하이 눈>에 대한 크레딧을 잃었을 뿐만 아니라 블랙리스트에 오른 인물이었다. <하이 눈>은 매카시즘에 저항하지 못한 지식인들과 할리우드 영화계에 대한 비유적 이야기로 받아들여진다. 주인공 윌 케인(Will Kane) 보안관은 악당들과 외로운 싸움을 싸우게 되는데 이는 마을 사람들이 아무도 도와주지 않기 때문이다. 정의로운 명분을 포기한 마을 주민과 대비되는 주인공 부부의 이야기는 매카시즘 선풍 하에서 진정한 용기와 사랑의 중요성을 부각시킨다.

엘리아 카잔 감독

<협의와 유죄>의 주인공 메릴은 극작가 아서 밀러와 유능한 예술가인 엘리아 카잔(Elia Kazan) 감독을 합쳐놓은 듯한 인물이다. 카잔과 밀러의 관계는 매카시즘으로 인해 상처를 입은 1950년대 할리우드를 중심으로 한 영화계의 한 단면을 보여준다. <혐의와 유죄>에는 카잔 감독의 영화 <비바 자파타 *Viva Zapata*>(1952)가 언급되고 이 영화를 제작한 20세기 폭스사의 영화제작자 대릴 재넉이 등장한다. 특히 메릴과 폭스영화사의 재넉의 관계는 <비바 자파타>에서 같이 일한 카잔과 재넉의 관계를 바탕으로 한 것으로 추정할 수 있다. 그리고 주인공 메릴 감독이 할리우드와 브로드웨이 양쪽에서 일자리를 찾는 모습은 양 세계에서 두각을 나타낸 카잔과 유사하다.

블랙리스트의 시기에 카잔은 "우호적인 증인"으로 탄탄대로를 간다. 카잔도 하원청문회에 소환되었고 30년대 그룹극단(Group Theatre)에서 활동했던 동료의 이름을 거명하였다. 카잔의 증언은 그의 공산주의에 대한 회의에서 출발한다. 그는 공산당의 예술가에 대한 간섭에 대해 비판적인 생각을 하게 된다. 카잔은 1932년 리 스트라스버그(Lee Strasberg)가 이끄는 그룹극단에 참가해 활동한 적이 있는데 이 극단의 멤버들은 좌파 경향을 지니고 있었고 주로 사회적 이슈를 다룬 극을 공연했다. 이 극단에서 활동했던 존 가필드(John Garfield), 하워드 다 실바

(Howard Da Silva), 조셉 브롬버그(Joseph Bromberg), 리 J. 콥(Lee J. Cobb) 등은 모두 청문회에 소환되고 블랙리스트에 오른 인물들이다. 이 중 다 실바는 <협의와 유죄>에서 메릴을 조사하는 조사관에 의해 언급된다. 콥은 블랙리스트에 올랐다가 나중에 "이름대기"를 통하여 벗어났다.

카잔은 1934년 미 공산당에 가입한 뒤 당 동료였던 극작가 오데츠의 『레프티를 기다리며』(*Waiting for Lefty*)에 출연하기도 했다. 그 후 1947년 스트라스버그 등과 함께 배우스튜디오(Actors Studio)를 설립하였다. 이 스튜디오는 내면 감정 연기를 중시하는 훈련 시스템을 개발하여 배우를 훈련시켰다. 여기서 훈련받은 제임스 딘(James Dean), 말론 브란도(Marlon Brando)는 카잔이 감독한 영화에 출연했고 그가 연출한 연극에도 공연했다. 조사에서 증언한 덕분에 카잔은 계속 감독으로 활동할 수 있었고 <워터프론트>, <에덴의 동쪽 *East of Eden*>, <초원의 빛 *Splendor in the Grass*> 등을 제작하였다. 카잔은 아서 밀러와 테네시 윌리엄즈(Tennessee Williams)와 같은 당시 브로드웨이 최고의 극작가들의 극을 연출하여 50년대 예술가로서의 정점을 달린다.

"우호적" 증언의 결과 카잔이 동료들에게 배신자로 낙인찍힌 것과 반대로 친한 친구인 아서 밀러는 증언을 거부해 영웅이 된다. 그는 대학에서 영문학을 전공하였고 졸업 후 연방 연극 프로젝트에 참가하여 카잔, 오손 웰즈 등과 활동했다. 정부가 좌파 경향이 강한 이 프로젝트를 폐쇄한 후에도 밀러는 자신의 작품인 『모두가 나의 아들』(*All My Sons*), 『세일즈맨의 죽음』 등을 카잔이 연출하게 하여 활동을 같이 했다. 카잔은 공산당원이었고 밀러도 1947년 공산당 작가모임에 참석하였다. 진보적인 정치적 성향의 두 사람은 1951년 급진적 부두 노동조합을 소재로 한 <갈

고리 *The Hook*>라는 영화를 계획하였고 아직 무명이었던 여배우 마릴린 몬로(Marilyn Monroe)를 동시에 좋아하였다. 이 <갈고리>는 <워터프론트> 마지막 장면에서 주인공이 갈고리(소련의 국기를 연상시킨다)를 가지고 등장하는데서 흔적이 남아있다.

절친한 카잔과 밀러는 하원 반미활동위 청문회에 소환된 후 갈라서게 된다. 밀러는 1956년 당시 마릴린 몬로와의 관계에서 결혼으로 가는 과정에 있었는데 이때 소환되었다. 그는 위원회에 모든 면에서 협조하겠지만 동료에 불행을 가져다주는 증언은 하지 않겠다고 이름대기를 거부했다. 이 말은 영화 <협의와 유죄>의 주인공 메릴이 청문회에서 발언한 내용이다. 밀러는 블랙리스트에 올랐고 국회 모독죄로 고발되어 유죄판결을 받았지만 법정투쟁 끝에 1958년 무죄판결을 받았다.

카잔이 조사에 대한 우호적 증언을 한 것은 밀러와 카잔의 결별의 원인이 되었다. 결별 후 이 둘은 매카시즘을 둘러싸고 예술적인 싸움을 벌인다. 밀러가 먼저 시작한다. 그의 1953년작 극 『시련』(*The Crucible*)은 17세기 세일럼의 마녀사냥을 다루고 있지만 당시의 매카시즘 광풍을 비유적으로 다룬다. 이 연극은 1996년 20세기 폭스사에 의해 영화화되었는데 아들 로버트 밀러(Robert Miller)가 제작하고 딸 레베카 밀러(Rebecca Miller)(배우 겸 감독)와 결혼한 다니엘 데이-루이스가 주인공역을 맡았다.

영화 <시련>은 17세기 마녀재판이라는 역사적 사건을 바탕으로 억압적 이데올로기가 한 공동체를 지배하는 과정을 보여준다. 종교의 이름으로 행해지는 마녀사냥으로 마을은 갈등과 불신으로 분열되고 주민들은 공포에 사로잡혀 마녀사냥이라는 집단적 광기에 동조한다. 세일럼의 주민들은 소녀들의 이름대기에 제대로 항변 한번 하지 못한 채 마녀로 단정 지어지고 처형된다.

이 과정에서 용기 있는 소수의 주민은 권력에 맞서 신념을 굽히지 않는다. 주인공 존 프록터(John Proctor)는 마녀와 한 편임을 자백하면 목숨을 살려준다는 재판관의 회유에 굴복하기를 거부하고 명예를 지키기를 선택함으로써 죽음을 택한다. 그의 선택은 이미 사형장의 이슬로 사라진 사람들과 자신의 이름을 더럽히지 않겠다는 의지의 표현이다. 이는 청문회에서 증언하기를 거부한 동료들과 밀러 자신의 의지를 담고 있다고 볼 수 있다.

카잔 감독의 1954년 영화 <워터프론트>는 카잔 특유의 세밀한 심리 묘사와 미국의 어두운 단면에 대한 날카로운 사실주의적 묘사가 돋보이는 명작이다. 흥미로운 점은 이 영화가 매카시즘에 대한 감독의 자전적인 내용을 담고 있다는 것이다. 이 영화는 밀러의 <시련>과 정반대의 정치적 의미를 담고 있다. 표면적으로는 부패한 항만노조의 폭력과 전횡에 맞서는 개인의 이야기를 다룬다. 주인공 테리 몰로이(Terry Malloy)가 범죄위원회에 출두하여 노조에 불리한 증언을 하는 것은 카잔의 반미활동위 청문회 증언과 흡사하다. 부두 노동자들의 규칙인 "입과 귀를 닫기"(Deaf and Dumb)를 거부하고 보스인 자니 프렌들리(Johnny Friendly)에 대해 불리한 증언을 하게 되자 주인공은 처음에는 모든 노동자들로부터 밀고자, 배신자로 따돌림을 당한다. 그러나 그의 외로운 사투는 결국 동료들의 지지를 받게 되고 보스의 파멸을 가져온다. 이 영화에서 자니 프렌들리와의 싸움에서 테리의 지도자 역할을 하는 배리(Barry) 신부는 증언의 의미를 다음과 같이 역설한다 :

이 나라에서 우리가 가진 귀중한 것은 맞서 싸우는 방법이 있다는 것이야. 그것은 사실을 대중에게 알리는 것이야. 네가 옳지 않다고 생각하는 것에 대항해 옳다고 여기는 것을 위해 증언하는 것이야. 그들에게는 고자질하는 것이지만 너에게는 진실을 말하는 거야.

There's one thing we've got in this country and that's ways of fightin' back. Gettin' the facts to the public. Testifyin' for what you know is right against what you know is wrong. Now what's ratting to them is telling the truth for you.

배리 신부에 따르면 증언 행위는 특정인에 대한 배신이 아니라 사회의 이익을 위한 행위이다.

<워터프론트>가 제작 중이던 1952년 소환되어 동료를 "고자질"한 것으로 비판을 받았던 카잔으로서는 이 영화가 자신의 행위에 대한 변호이다. 이 영화는 무엇보다도 악행을 당국에 고발하는 것의 도덕적 정당성을 극화한다. 이 영화는 역시 우호적 증인이었던 버드 슐버그(Budd Schulberg)가 각본을 쓰고 그룹극단 동료로 활동했고 역시 우호적 증인이었던 리 J. 콥이 출연한다. 블랙리스트에 올랐던 레오나드 번스타인이 음악을 맡았다. 영화의 대본은 원래 카잔이 밀러에게 쓰도록 부탁하였다. 그러나 부패한 노동조합간부를 공산주의자로 묘사하여 미국적 정서에 부합하도록 해달라는 요구를 수용할 수가 없어서 밀러는 이를 포기하였다. 갱단에 의해 지배되는 노동조합은 미 공산당이 개인의 행동을 통제하는 것에 비유된다. 공산당이 영화나 연극에 간섭하였던 역사적 사실을 염두에 둔 것이다. 밀러의 <시련>에서 종교적 이데올로기가 개인의 양심의 자유를 억압하였던 것과 같은 방식으로 카잔도 정치 이데올로기와 개인의 자유 사이의 갈등 문제를 다룬다. 이처럼 두 사람은 공통적으로 개인의 자유를 중

아서 밀러와 마릴린 몬로

시하면서도 전혀 다른 정치적 관점에서 매카시즘을 다룬다.

카잔의 <워터프론트>에 대해 밀러는 1955년 단막극 『다리 위의 경치』(*A View from the Bridge*)에서 이를 다시 반박한다. <갈고리>나 <워터프론트>와 같은 배경인 부두 노동자의 이야기를 바탕으로 한 이 연극은 가족과 친구간의 의심과 배신의 비극을 다룬다. 부두 노동자인 에디 카본(Eddie Carbone)은 은근히 질녀인 캐서린(Catherine)을 마음에 두고 있었다. 에디는 아내의 두 사촌이 미국에 밀입국하여 생활하는 것을 돕지만 이 두 사촌 중 하나인 로돌포(Rodolpho)와 질녀가 서로 좋아하는 사이가 되자 명예의 규칙을 무시하고 두 밀입국자를 이민국에 고발한다. 이러한 배신행위는 주위 사람들의 비난을 받고 결국 에디는 죽음을 맞게 된다. 친구를 밀고하는 에디의 모습은 카잔과 같은 우호적인 증인의 모습을 반영한다. 카잔과 밀러는 다시는 친구가 되지는 못하지만 1964년 밀러의 『전락 이후』(*After the Fall*)라는 연극을 카잔이 연출하면서 일종의 화해를 하게 된다.

이처럼 매카시즘은 수많은 사람들의 개인적 삶에 영향을 미쳤을 뿐만 아니라 1950년대 미국문화의 중요한 일익을 담당했던 카잔과 밀러 두 사람의 인생과 예술 활동에 큰 영향을 미친다. 이 두 사람의 삶을 통하여 <협의와 유죄>를 감상하면 매카시즘의 담론에 좌우되던 1950년대의 미국사회의 한 단면을 볼 수 있다. 매카시즘의 역사는 미국사회가 중시하는 개인의 자유가 이데올로기에 의해 침범당할 때 얼마나 큰 대가를 치르게 되는지를 보여준다. 가정을 파괴하고 우정을 망가뜨리며 개인의 삶과 자유를 침해하는 이 모든 것이 과연 무엇을 위한 것인지 영화는 묻는다. 그리고 이 영화는 이 주제를 다룬 다른 많은 영화들과 함께, 개인의 자유와 사회 이데올로기 간의 관계는 미국민에게 너무나 중요한 이슈임을 다시 한번 입증한다.

카잔과 밀러

참고문헌

Belton, John. *American Cinema/American Culture.* New York : McGraw-Hill 1994.

Bradbury, Malcolm, and Howard Temperley, eds. *Introduction to American Studies.* London : Longman, 1998.

Rollins, Peter C., ed, *Hollywood as Historian : American Film in a Cultural Context.* Lexington : UP of Kentucky, 1983.

Ross, Steven J., ed. *Movies and American Society.* Oxford : Blackwell, 2002.

Sklar, Robert. *Movie-Made America : A Cultural History of American Movies.* New York : Vintage, 1994.

Tindall, George Brown, and David Emory Shi. *America : A Narrative History.* 7th ed. Vol. 2. New York : Norton, 2007.

반문화 세대의 자유와 히피즘

<이지 라이더>

1969년 발표된 <이지 라이더 *Easy Rider*>는 1960년대 미국 문화를 가장 잘 표현한 기념비적인 영화로 평가받는다. 60년대는 새로운 세대의 히피문화로 대변되는 반문화운동(counter-culture movement)의 시대였다. 이 시대의 정점에 발표된 <이지 라이더>는 이 당시의 젊은 세대를 대표하는 영화이다.

영화가 개봉되기 전인 1968년은 베트남전이 격화되면서 대학을 중심으로 반전운동이 그 어느 때보다 격화되었다. 프랑스를 중심으로 한 유럽에서는 학생 데모가 격렬하게 일고 있었다. 미국에서는 흑인민권운동의 지도자였던 마틴 루터 킹목사가 암살당했고 이어 민권운동에 기여한 로버트 케네디(Robert Kennedy) 상원의원이 암살되었다. 이어 시카고에서 열린 민주당 전당대회에서는 유혈 소요사태가 일어났다. 젊은 유권자들은 대다수가 반전 평화를 표방한 후보인 유진 매카시(Eugene McCarthy) 상원의원을 지지했으나, 전당대회에서 예비선거에 참여한 적도 없는 기득권 세력인 휴버트 험프리(Hubert Humphrey)부통령이 민주당 대선후보로 뽑혔고 이에 항의하는 격렬한 시위가 벌어져 대규모 유혈사태로 번졌다. 이처럼 1968년은 사회집단 간 갈등이 심화된 시기였다. 1969년은 반문화운동의 상징이 된 우드스톡(Woodstock) 콘서트가 열린 해이며 동시에 젊은 세대의 반감을 산 닉슨대통령의 임기가 시작된 해이기도 하다.

이처럼 격동의 시기에 제작된 영화 <이지 라이더>의 문화적 의미는 여러 가지로 해석할 수 있으며 미국 영화사적으로도 중요한 의미를 지닌다. 60년대는 젊은 영화인들의 "뉴 할리우드" 혹은 "뉴 시네마"운동으로 창의성 넘치는 새로운 감수성의 영화들이 발표되면서 미국 영화계는 그 어느 때보다 활기를 띤다. 코폴라(Francis Ford Coppola), 보그다노비치(Peter Bogdanovich), 스코세지, 큐브릭(Stanley Kubrick), 스필버그(Steven Spielberg), 루카스(George Lucas) 등 뉴 할리우드 감독이 등장하였고, 로버트 드니로(Robert De Niro), 알 파치노(Al Pacino), 잭 니콜슨(Jack Nicholson), 더스틴 호프만(Dustin Hoffman) 등 새로운 배우가 등장하였다.

이 당시 발표된 <보니와 클라이드 *Bonnie and Clyde*>(1967), <졸업 *The Graduate*> (1967), <2001 우주 오디세이 *2001 : A Space Odyssey*>(1968), <이지 라이더>, <내일을 향해 쏴라 *Butch Cassidy and the Sundance Kid*>(1969), <밥, 캐롤, 테드, 앨리스 *Bob & Carol & Ted & Alice*>(1969), <앨리스의 레스토랑 *Alice's Restaurant*>(1969), <미드나잇 카우보이>(1969), <우드스톡 *Woodstock*>(1970) 등은 반문화 세대의 주제와 감수성 혹은 히피문화를 담고 있다.

이 중 <이지 라이더>는 이러한 히피, 반문화 운동의 시대정신의 정점에 위치한 영화이다. 신세대 영화 중 젊은 세대의 감수성만을 가지고 미국의 기성사회를 강타한 저예산 독립영화이며 대안영화의 대표적 성공작이다. 이 영화를 제작한 피터 폰다(Peter Fonda)와 감독 데니스 호퍼(Dennis Hopper), 그리고 조연으로 출연한 배우 잭 니콜슨은 LSD를 다룬 <여행 *The Trip*>(1967)에서 같이 작업한 적이 있었다. 그 경험을 살려 만든 <이지 라이더>는 섹스, 마약, 폭력의 내용에다 장쾌한 스펙타클, 강렬한 록음악을 가미하여 컬트영화의 특징을 부각시켜 이들의 감수성과 영화철학의 결정판을 이룬다. 이들의 감수성이 가장 잘 드러나는 부분은 영화 전편에 가미된 사운드트랙이다. 이 영화에 참가한 록 음악가는 스테펀울프(Steppenwolf), 지미 핸드릭스(Jimi Hendrix), 더 밴드(The Band), 밥 딜런(Bob Dylan) 등 당시의 록 음악의 대표적 아티스트들이다.

<이지 라이더>는 전통적인 할리우드 영화의 관습, 즉 내러티브, 인물묘사, 전통적 주인공 설정을 배격하고 그 대신 불규칙적인 속도감, 점프 컷, 즉흥적 스타일의 연기와 대사, 록음악으로 대신하였다. 예술적 장점이라고는 별로 없어 보이는 파격적인 이 영화는 표현의 거침 그 자체가 주제를 강조한다. 이 영화는 칸느 영화제에 발표되어 최우수 신인감독상을 수상하였고, 대본을 쓴 폰다, 호퍼, 테리 서던(Terry Southern) 세 명은 오스카 각본상 후보에 올랐고, 배우 잭 니콜슨은 조연상 후보에 올랐다.

<이지 라이더>의 와이어트와 빌리

<이지 라이더>는 와이어트(Wyatt)와 빌리(Billy)라는 두 인물의 미국 횡단여행을 다루는 버디 영화이자 로드무비이다. 스토리는 매우 간단하다. 주인공인 와이어트와 빌리는 멕시코에서 LA로 마약을 밀수한 뒤, 이를 판매한 돈을 오토바이 연료통 속에

숨겨 캘리포니아에서 뉴올리언즈까지 오토바이로 미국을 횡단한다. 와이어트와 빌리는 여행 도중에 한 히치하이커를 태워준다. 이 남자는 코뮨(commune)을 설립해 자유연애와 공동생활을 하는 히피족이다. 두 주인공은 이 히피 캠프에 잠시 지낸다. 떠날 때 이 히피 남자는 두 사람에게 LSD를 준다. 두 사람은 어느 도시에 도착하여 불법으로 퍼레이드를 한 죄로 투옥되는데 여기서 변호사 조지 핸슨(George Hanson)을 만난다. 그는 민권운동 지원단체인 ACLU(미국시민자유연합)을 위해 일한다. 와이어트와 빌리는 조지에게 마리화나를 가르쳐주고 셋은 의기투합한다. 세 명은 같이 여행을 시작한다. 어느 식당에 식사를 하러 들어갔으나 그들의 긴 머리와 지저분한 모습이 보수적인 남부 백인들의 주목을 받게 된다. 사람들의 따가운 눈총을 받다 못해 식당에서 그냥 나온다. 그러나 이곳 마을 주민들이 이들의 야영지를 습격하게 되고 조지는 죽게 된다. 조지가 죽기 전 추천한 뉴올리언즈 창녀집에 가서 둘은 카렌(Karen)과 메리(Mary)를 만나고 뉴올리언즈의 축제인 마디 그라스를 구경하러 함께 나간다. 퍼레이드를 구경한 후, 두 주인공은 공동묘지로 가서 LSD를 먹으며 사이키델릭의 세계를 경험한다. 이 둘은 다시 여행길에 오르고 플로리다로 가는 도중에 주민의 총에 맞아 죽는다.

이 영화는 여러 측면에서 당시 미국사회의 단면도를 보여준다. 두 인물의 이름은 미국의 문화를 대표하는 상징적 의미가 담겨있다. 와이어트는 전설적인 서부의 사나이 와이어트 어프(Wyatt Earp) 보안관을 연상시키며, 빌리는 전설적인 서부의 무법자 빌리 더 키드(Billy the Kid) 혹은 와일드 빌 히콕(Wild Bill Hickcock)을 연상시킨다. 서부의 카우보이처럼 와이어트와 빌리는 가죽옷을 입고 있는데 와이어트는 미국 국기가 달린 모던 스타일의 옷을, 빌리는 전통적인 카우보이 복장과 유사한 옷을 입고 인디안처럼 목걸이 장식을 하고 등장한다. 특히 빌리의 옷은 서부의 사나이 빌 히콕의 옷과 매우 유사하다(찰스 브론손(Charles Bronson) 주연의 영화 <화이트 버팔로 *The White Buffalo*>의 주인공인 히콕의 옷과 흡사하다). 이는 마치 서부의 과거와 현재를 보여주는 듯하다.

와이어트가 "캡틴 아메리카"(Captain America)란 별명으로 불려지는 것도 미국을 대변하는 인물임을 강조한다. 서부만큼 미국적인 공간이 없다면 서부의 카우보이야 말로 미국인의 원형이다. 이런 면에서 보면 <이지 라이더>는 전통적 서부극에 대한 패러디이다. 부와 자유를 찾아 서부로 간 개척자들처럼 이들은 반대로 서부에서 출발하여 히피로 대변되는 새로운 이상과 자유를 찾아 나선다. 이들의 미국 횡단여행은 이상과 자유가 가능했던 (혹은 가능하다고 여겨졌던) 미국의 재발견 작업이다.

와이어트와 빌리가 보여주는 미국의 서부는 비행기가 오르내리고 마약이 거래되는 캘리포니아 LA이다. 금광을 찾아 새로운 터전을 찾아 서부로 이주했던 과거 개척민의 꿈은 물질적인 면에서는 이루어졌다. 서부개척의 마지막 땅이자 현대판 서부 LA는 그 화려함과 풍요로움에서 미국의 꿈을 이룬 장소이다. 그러나 영화 <이지 라이더>는 LA가 정착지가 아니라 멕시코로 오가는 국경지역, 비행기가 오르내리는 이동의 장소이며, 여전히 프론티어의 장소임을 보여준다. 이 영화의 두 주인공인 현대판 무법자는 LA에서 미국 문명의 뿌리를 찾아 거꾸로 여행을 시작한다.

현대판 카우보이에게 말 대신 오토바이가 이동 수단이 된다. 오토바이는 범죄와 무법자의 의미보다는 당시 새로운 문화적 아이콘이었다. 특히 가죽옷과 오토바이는 1950년대부터 "무법자

<와일드 원>의 말론 브란도

오토바이족"(outlaw biker) 영화의 단골 소품이었다. 이러한 영화의 효시는 1953년 매카시 열풍 시기에 발표된 <와일드 원 *The Wild One*>이다. 말론 브란도 주연의 이 영화는 오토바이족 갱단 간의 갈등을 다룬 저예산 컬트영화의 클래식으로, 가죽잠바와 오토바이를 젊은이들의 기성문화에 대한 반항의 상징으로 유행시켰다. <와일드 원>은 영국에서 오랫동안 상연금지시켰고 미국 내에서도 젊은이들에게 나쁜 영향을 미치고 범죄와 반사회적 반항을 부추길 수 있다는 우려를 낳았다. 이 영화는 제임스 딘의 <이유 없는 반항 *Rebel without a Cause*>과 함께 기성세대에 반항하는 젊은이들의 감수성을 그린 걸작으로 평가받고 있다. <와일드 원>에 나오는 말론 브란도와 제임스 딘 두 젊은 배우의 다음과 같은 대사는 당시 신세대의 반항정신을 대변하는 것으로 축약해 보여준다. "무엇에 반항하는 거야?"라는 질문에 주인공 자니(Johnny)는 눈썹을 치켜 올리며 "네가 생각하는 게 뭔데?"

(What've you got?)라고 말한다. 자니의 대답의 의미는 생각할 수 있는 모든 것에 반항한다는 것이다. <와일드 원>에서 시작하여 <이유 없는 반항>을 거쳐 <이지 라이더>에 이르기 까지 가죽잠바와 오토바이는 젊은이들의 반항의 상징으로 인식된다.

<이지 라이더>에서 주인공들의 여행의 목표지인 뉴올리언즈의 마디 그라스 축제도 젊은 세대 문화의 비유이다. 마디 그라스가 지니고 있는 카니발의 전복성은 이들의 여정이 무엇을 추구하는지 비유적으로 제시하고 있다. 중세 이래로 행해지고 있는 카니발에 대해 러시아의 철학자요 비평가인 미하일 바흐친(Mikhail Bakhtin)이 설명하기를, "공식문화" 즉 기존의 권위와 질서와 체제에 일시적인 혼란과 전복을 초래하는 "하위문화"의 저항의 공간이며 변화의 가능성을 잉태하는 시간이다. 젊은 세대의 록 페스티발과 대학 축제 등 다양한 축제는 이러한 문화적 함의가 담겨져 있다. 따라서 영화 속 주인공의 목적지는 곧 변화와 새로운 문화의 공간이다.

이 영화가 젊은 세대 지향적인 것은 영화 속 주인공을 바라보는 사람들의 태도에서 잘 드러난다. 주인공들은 모텔에서부터 식당에 이르기 까지 가는 곳마다 박대를 받는다. 유일하게 그들에게 호의적인 사람은 어린 학생들이다. 뉴올리언즈에 도착하기 전 한 식당에서 다른 손님들은 주인공들의 행색에 경멸적인 말과 태도를 보이지만 젊은 여학생들은 독특한 행색의 외지인의 오토바이에 관심을 가지고 태워달라고 한다. 이 장면은 세대 차이를 극명하게 보여준다.

60년대 반문화운동

영화 <이지 라이더>의 주제로 부각된 젊은 세대의 문화는 1960년대를 휩쓴 반문화운동의 연장이다. 60년대 말은 베이비붐 세대가 성인이 되고 대학에 들어갔던 때이며 이 때를 정점으로 히피즘, 신좌파(New Left), 민권운동을 포함하는 반문화운동이 미국을 강타하였다. 반문화운동은 젊은 세대의 기성세대에 대한 반발로 생긴 현상이며 미국의 지배적 가치관, 즉 자본주의의 기업 가치관, 백인 중산층 문화, 보수주의를 기반으로 한 주류문화에의 반항이다. 이 반항 정신은 베트남전쟁 반대운동으로 나타났고 베트남전쟁을 지원하는 군비 산업과 린든 존슨(Lyndon B. Johnson)과 닉슨대통령에의 비판으로 나타났다. 반문화운동은 따라서 1950년대 사회규범에 대한 반항에 기반을 둔다. 50년대의 보수적인 정치적 환경, 냉전체제, 그 연장선상에 있는 베트남전쟁 등이 이러한 반항을 촉발하였다. 이러한 반항은 정치적 이념이나 반전운동에 국한된 것이 아니라 인종, 젠더, 여성 등 사회 전반의 문제로 확대되어 흑인민권운동, 여성해방운동, 동성애자 인권운동 등으로 확산된다.

이념적으로는 50년대 보수적 시대에 대한 반발로 새로운 좌파 세대가 양산되었다. 대학교를 중심으로 소련의 제국주의적 침략과 전체주의에 실망한 학생들과 지식인들은 노동운동 중심의 전통적 맑시즘에서 벗어나 새로운 사회운동을 추구하였고 그 방향은 전체주의, 소외의 문제와 같은 사회문제에 초점을 맞추는 새로운 형태의 좌파 즉 '신좌파'였다. 영국의 신좌파가 비핵운동과 국제적 연대에 관심을 가졌다면 미국에서는 반전운동과 민권운동, 권위적 체제에 대한 반대 운동으로 나아갔다.

반문화운동은 젊은 세대가 관심을 가지는 대중문화에도 큰 영향을 미쳤다. 대중음악과 할리우드 영화는 젊은 세대의 생동감으로 넘쳤다. 2005년 BBC 인터넷판에 따르면 유명 가수와 영화배우 등 스타들을 대상으로 100년간 세계를 바꾼 대중문화를 조사한 결과 상위 8위까지는 50년대의 프레슬리와 60년대 반문화를 대변하는 인물들이다.

1. 구르는 돌처럼(Like a Rolling Stone)--밥 딜런
2. 하트브레이크 호텔(Heartbreak Hotel)--엘비스 프레슬리
3. 쉬 러브즈 유(She Loves You)--비틀wm
4. 새티스팩션(Satisfaction)--롤링 스톤즈
5. <시계태엽 오렌지 *A Clockwork Orange*>--스탠리 큐브릭
6. <대부 *The Godfather*> 1, 2편--프랜시스 포드 코폴라
7. 지기 스타더스트의 흥망성쇠(Rise and Fall of Ziggy Stardust)--데이비드 보위
8. <택시 드라이버 *Taxi Driver*>--마틴 스코세지

이 중 1위를 차지한 밥 딜런은 비트 세대의 시인 긴스버그(Allen Ginsberg)와 절친하였고 반문화운동을 이끈 핵심인물 중 한명으로 대표적 반전 가수인 조안 바에즈와 함께 마틴 루터 킹의 민권운동을 지원하였다.

<이지 라이더>로 일약 스타가 된 데니스 호퍼도 반문화의 대변자로 부상했다. 예술적인 장점이라고는 없는 철없는 젊은이의 영화라고 여겨졌던 그의 영화는 한순간에 할리우드의 새로운 돌파구가 되었고, 40만 달러도 안 되는 저예산의 영화도 흥행에 성공할 수 있음을 보여주었다. 젊은 세대의 힘을 보여준 것이다.

이 영화 속의 청년문화가 미국사회에 미친 영향은 엄청났다. 호퍼도 자신의 영화의 위력을 인정하였는데 이 영화가 미국에서 코카인이 일상화되는 데 지대한 영향을 미쳤다고 인정하였다. "그 전까지 코카인은 극히 일부 영화에서나 볼 수 있는 것이었다. <이지 라이더> 이후 코카인은 거리에 넘쳐났다. 어디에서나 코카인을 볼 수 있었다"고 호퍼는 말한다.

히피문화

반문화운동은 변화와 실험을 중시하는 새로운 문화 현상이며 히피족이 이러한 운동의 대표적 주체였다. <이지 라이더>는 히피문화를 가장 잘 보여주는 영화 중 하나이다. <이지 라이더>에서 두 인물의 모습은 긴 머리, 덥수룩한 수염, 마리화나와 마약의 탐닉 등 히피족의 전형적인 모습을 보여준다. 자유연애, 마약, 록 음악, 공동생활 등으로 대변되는 히피문화는 2차대전 후 시작되어 50년대 유행했던 비트 세대(혹은 비트닉)에서 파생된 문화 현상이다. 비트 세대는 긴스버그, 캐루악(Jack Kerouac), 버로우즈(Willam S. Burroughs) 등을 비롯한 일단의 작가, 예술가 집단을 지칭한다. 60년대에 비트닉이 히피로 전환되는 것이다. 히피즘은 비트운동보다 더 젊어지고 더 반항적이며, 탈현실적인 대신 영적 세계, 섹스, 마약 등 개인적이고 내면적 세계에 더 심취하였다.

히피운동의 메카는 샌프란시스코의 헤이트-애쉬베리(Haight-Ashbury) 지역이다. 비트 세대의 거점이었던 이곳은 63-64년경에 들어서면서 새로운 젊은이들이 모여들게 되고 1967년 1월 '휴먼 비 인'(Human Be-in) 행사로 동력을 얻게 된다. 골든게이트파크에서 열린 이 행사에서는 히피즘의 아이콘이 된 티모시 리어리

(Timothy Leary), 비트 세대의 대변자의 알렌 긴스버그 외에도 수많은 반문화운동가와 그 지역 학생들이 참가하였다. 이들은 개인의 힘, 정치 문화적 탈중심화, 공동체 생활, 환경, 의식의 고양 등 반문화운동의 주요 이슈들을 주창하였다.

이때 리어리가 휴먼 비 인 행사에서 말한 "켜고, 맞추고, 이탈하라"(turn on, tune in, drop out)는 구호에 맞게 주류사회에 가담하는 것을 거부하고 이탈함으로써 사회를 변화시키려는 젊은이들이 속출하였다. 대표적인 예는 대학생들이 말 그대로 학교를 떠나는 현상이 있었다. 즉 자신도 모르게 기존 사회 질서에 가담하는 것에서 벗어나 자립하는 것이고 하고 싶은 일을 하는 것이며 주체성을 발견하는 것이고 이동성, 선택, 변화를 중시하는 것이다. "켠다"는 것은 의식과 생체리듬을 깨운다는 의미이며, "맞춘다"는 것은 주파수를 맞추듯 주위 세계와 개인의 내면세계의 조화를 위해 교감한다는 의미이다. 리어리는 현대 중산층 지식인들이 날마다 차로 출근하고 집에 와서 술을 마시며 빅브라더(Big Brother)와 같은 거대한 조직 속에 이름 없는 로봇처럼 살아가는 것에 반대하였다.

이 휴먼 비 인 행사는 같은 해에 열린 헤이트-애쉬베리의 '사랑의 여름'(Summer of Love) 행사의 전주곡이었다. 이 사랑의 여름 행사의 절정은 몬터레이(Monterey) 팝페스티발이었는데, 이 페스티발을 홍보하기 위해 록그룹 마마스 앤 파파스(Mamas and Papas)의 존 필립스(John Phillips)가 작시하고 멕켄지(Scott McKenzie)가 부른 "샌프란시스코 San Francisco"는 바로 히트곡이 되고 이 노래는 히피문화의 주제곡이 되었다.

휴먼 비 인 행사에서의 알렌 긴스버그

만약 샌프란시스코에 가다면
꼭 머리에 꽃을 꽂으세요.
만약 샌프란시스코에 간다면
거기서 친절한 사람들을 만날 거예요.
샌프란시스코에 가는 사람들에게
거기 여름은 사랑의 모임이 될 거예요.
샌프란시스코의 거리에는
친절한 사람들이 머리에 꽃을 꽂고 있을 거예요.

If you're going to San Francisco,
Be sure to wear some flowers in your hair.
If you're going to San Francisco,
You're going to meet some gentle people there.
For those who come to San Francisco,
Summertime will be a love-in there.
In the streets of San Francisco,
Gentle people with flowers in their hair.

이 노래에서 주문하는 대로 머리에 꽃을 꽂은 수많은 젊은이들이 샌프란시스코에 몰려들었고 지나는 사람들에게 꽃을 나눠주기도 했다. 이것은 평화와 사랑의 상징으로 해석되었고 이로 인해 이들 히피족은 "꽃의 아이들"(flower children)로 별명지어 졌다.

이 후 록페스티발은 히피문화의 중요한 행사가 되었다. 1969년의 뉴욕주 소도시인 우드스톡(Woodstock)에서 열린 페스티발은 대표적인 행사로 잘 알려져 있다. 이 페스티발은 히피운동의 절정을 이루었다. 약 50만명이 모인 이 페스티발에서는 지미 헨

우드스톡 페스티발에 참여한 약 50만의 인파

드릭스, 조안 바에즈, 조 코커, 더후(The Who), CCR, 재니스 조플린, 산타나 등 수많은 팝스타들이 참가했다. 이 행사는 기록영화화 되어 이듬해 발표되었다. 록음악은 신세대의 감수성을 표현하는 중요한 매체였다. 70년대 들어서면서 베트남전이 끝나고 젊은 세대가 나이가 들면서 주류사회에 진입하면서 반문화 운동과 히피즘은 사라진다.

히피현상이 비록 짧은 기간 동안만 지속되었지만 그 영향은

지대하였다. 학자에 따라서는 1963년에서 1969년 정도를 그 기간으로 보기도 한다. 주류문화가 이를 편입하려하거나 거부하려하는 것은 히피문화의 영향력을 반증하는 것이다. 즉 히피를 게으르고 비생산적이며 무기력하며 성적으로 무분별하고 지저분하고 단정하지 못한 외모로 특징지으려 하는 등 부정적인 면을 부각시켜 전형화하려 한다. 그리고 그들의 이상, 철학을 평가절하하려는 경향이 강하다. 자유의 추구, 긴 머리, 보석, 화장품, 옷 등 외모에 대한 좀 더 자유로워지고 싶은 태도 등 히피의 영향은 남아 있다.

자유의 추구와 좌절

샌프란시스코 '사랑의 여름' 행사 후 많은 히피들은 "땅으로 돌아가자"라는 구호아래 공동체를 형성하여 생활하기도 했다. 새로운 사회를 창조하겠다는 목표 하에 가능한 한 사회로부터 멀리 벗어나려는 시도였다. <이지 라이더>에서는 사회를 떠나 사는 삶의 매력을 여러 곳에서 보여준다. 와이어트는 여행을 시작할 때 차고 있던 시계를 버리는데 이는 문명의 족쇄를 떨쳐버리는 의미가 있다. 여행 중 한 농장에서 식사를 하게 되는데 이때 와이어트는 자신의 일을 할 수 있다는 것이 멋있다고 농부에게 말한다. 이어서 만난 히피는 모든 도시는 다 똑같으며 어느 도시 출신인지 말할 수 없다고 말한다. 도시의 삶을 비판하며 도시에서 멀리 떠나 사는 것이 바람직함을 역설하는 것이다. 이 히피 남자가 사는 산속의 공동체에 도착한 와이어트와 빌리는 소박하게 농경생활을 하는 코뮨을 체험한다. 이들은 자유연애를 실천하고 농사를 지어 생활한다. 이들의 성적인 자유분방함은 히피즘의 특징 중의 하나이다. 그리고 이들의 캠프에는 곳곳에 평화의 상징이 붙어 있다.

이 반전 로고는 영국의 반핵운동과 미국 반전운동에서 크게 유행하였고 히피즘의 상징이 되기도 하였다.

<이지 라이더>는 사회에서 이탈하고자 하는 두 젊은이의 모습을 사회와 자연의 대비를 통해 제시한다. 사회와 원시, 도시와 자연의 대비에서 자연이 자유를 상징한다면 도시는 구속을 의미한다. 도시에서 이들은 부적응자요, 낙오자요, 아웃사이더이다. 콜로라도 강과 모뉴멘트 밸리(Monument Valley), 서부 사막의 광활한 전경, 머릿결을 강하게 스쳐가는 바람, 오토바이의 속도감, 그리고 이에 맞게 폭발적으로 흘러나오는 음악은 사회와 문명과 도시에서 벗어난 두 인물의 자유를 형상화한다. 특히 여행을 시작할 때 들려오는 스테펀울프의 노래 "본 투 비 와일드 Born To Be Wild"는 자연의 미와 자유의 탐색을 강조한다.

모토의 시동을 걸어라
고속도로로 달리자
모험을 찾아서
…
진정한 자연의 아이처럼
우리는 자유롭게 살도록 태어났다네.

Get your motor runnin'
Head out on the highway
Lookin' for adventure
…
Like a true nature's child
We were born, born to be wild

여기서 "자유롭게"라고 번역한 "wild"는 말 그대로 길들여지지 않은 자연 상태를 의미한다. <이지 라이더>가 보여주는 오토바이의 질주는 보헤미안, 유목민적 삶의 형상화라 할 수 있다.

이 영화는 자유를 그저 쉽게 얻을 수 있는 구호 정도로 드라마화하지는 않는다. 제목 <이지 라이더>는 원래 속어로서 '여성에게서 돈을 뜯어먹고 사는 포주'의 의미이다. 이 영화에서는 뿌리 없이 떠돌아다니며 마약으로 쉽게 돈버는 것을 의미한다. 빌리는 큰 돈을 벌었으니 이제 "자유롭다"고 말하며 플로리다에서 조용히 살 계획을 말한다. 그러나 과연 이들은 자유로운가? 그렇지 않다는 것이 이 영화의 메시지이다. 와이어트는 그들의 자유 추구가 실패했다고 말한다. 마약으로 돈은 생겼지만 자유를 성취하지는 못했다는 의미이다. 죽기 전 조지의 말은 이를 뒷받침 한다 : "시장에서 팔고 팔릴 때 자유롭기는 정말 어려워." 시장에서 돈을 벌고 이 돈으로 자유를 얻으려 하는 여행의 문제점을 인식한 것이다. 사회로부터 벗어나고자 하면서 시장과 자본에 예속됨은 자유가 아닌 것을 안 것이다.

이러한 그들에게 탈출구는 없어 보인다. 식당에서 사람들의 눈총을 피해 외진 곳에 야영하다가 조지는 "이 나라는 대단히 좋은 나라였는데. 뭐가 잘못됐는지 모르겠어"라고 말하며 편협과 편견으로 가득 찬 미국의 현실을 비판한다. 조지는 사람들이 두 주인공들을 싫어하는 것은 이들이 "자유를 대변"하기 때문이라 말한다. 사람들이 자유로운 사람, 자유를 대변하는 사람을 보면 두려워하기 때문이라 말한다. 그의 말은 그들의 운명에 대한 예언이 된다. 자유를 찾아 나선 이들은 결국 살해당한다.

이들이 여행 중 발견한 것은 증오와 좌절로 가득 찬 미국의 자화상이다. 이는 자유를 중시한다는 미국의 모습이 아니다. 또한 과거에 성공의 꿈을 가지고 서부로 향했던 개척인들이 마음속에 그렸던 미국의 모습이 아니다. 미국의 이상이 고갈되고 아메리칸 드림이 불가능할 때 주인공들이 의존할 수 있는 것은 마약과 마리화나가 주는 위안뿐이다. 그들의 여정은 결과적으로 지옥으로의 여행이다. 그들은 마디 그라스에 참가하려고 뉴올리언즈에 갔지만 정작 그들이 마지막으로 간 곳은 공동묘지이고, 이는 이들의 정신적 붕괴, 미국의 정신적 고갈을 의미한다.

이 영화의 플롯은 테네시 윌리엄즈의 연극 『욕망이라는 이름의 전차』의 스토리를 묘하게 따르고 있다. 이 극에서 뉴올리언즈에 온 여주인공 블랜치(Blanche)가 삶의 "욕망"을 가지고 동명의 전차를 타고 도착한 곳은 죽음의 "묘지"이며 결국 정신적으로 붕괴한다. <이지 라이더>의 한 장면인 공동묘지에서 LSD가 가져다주는 환각 속에서 벌이는 섹스는 절망과 고통만을 가져다준다는 것을 제시한다. 사도신경과 주기도문이 흘러나오며 환각 상태의 네 남녀의 고통과 좌절이 겹쳐지면서 미국적 가치의 상실은 더욱 강조된다.

반문화운동과 히피즘이 미국적 가치에 대한 점검을 시도한 것처럼 <이지 라이더>는 미국의 이상인 자유에 대한 심각한 의문을 제기한 영화로 기록된다. 세 젊은이가 진정한 자유를 찾아 나섰을 때 사회는 이를 어떻게 바라보는가를 잘 보여준다. 이들의 죽음이 사회질서에 대한 위협에 대한 대가였는지 관객은 답해야 하는 것이다.

참고문헌

Biskind, Peter. *Easy Riders, Raging Bulls.* New York : Simon & Schuster, 1998.

King, Geoff. *New Hollywood Cinema : An Introduction.* New York : Columbia UP, 2002.

Monaco, Paul. *The Sixties : 1960-1969.* Berkeley : U of California P, 2001.

흑인민권운동

〈말콤 X〉

“미국의 악몽”에서 이슬람국가 건설로

대표적인 흑인 영화감독인 스파이크 리(Spike Lee)는 1992년 흑인지도자 말콤 X(Malcolm X)에 관한 영화를 발표하였다. 기존의 할리우드 흑인 영화들이 부드러운 터치가 주종을 이루었다면 스파이크 리는 보다 직접적이고 강한 톤으로 인종문제를 다뤄왔다. <말콤 X>를 제작할 때 제작비를 초과하자 제작사인 워너브라더스가 리로부터 영화 제작을 박탈하려하자 스파이크 리는 흑인단체로부터 모금을 해서 영화 촬영을 강행한 것으로도 유명하다. 이 영화의 주인공을 맡은 덴젤 워싱턴(Denzel Washington)은 오스카 주연상 후보에 오르기도 했다.

2차대전을 전후로 한 할리우드 영화에서 흑인 인물들이 주로 충실한 하인이나 보조적인 역할로 전형화 되어 백인 관객의 구미에 맞게 표현된 것에 비하면 <말콤 X>는 엄청난 발전이다. 흑인에 대한 차별이 여전하던 1950-60년대까지만 해도 흑인 배우가 주인공으로 등장하는 영화는 보기 힘들었다. 이 당시 가장 성공적인 흑인 배우인 시드니 포이티어(Sidney Poitier)는 흑인 배우 중 유일하게 세련되고 지적인 흑인 역할로 등장하였고 아카데미 주연상을 받았다. 흑백간 남녀 애정 표현과 결혼이 영화제작 규범에 의해 금지되던 시기에 그는 <초대받지 않은 손님 *Guess Who's Coming to Dinner*>(1967)에 출연하였다. 포이티어가 활동하던 60년대 초는 흑인인권운동이 마틴 루터 킹 목사에 의해 주도되는 온건 노선이 주류였다. 백인 관객은 포이티어가 보여주는 이러한 온건한 흑인 인물에 공감할 수 있었고 반면에 흑인 관객은 과거 45-50년대의 전형화된 흑인과 다른 포이티어가 보여주는 흑인 인물에 공감하였다.

1960년대 중반에 들어서면서 흑인인권운동이 점차 과격한 노선을 취하고 인종간 폭력이 빈발해지면서 백인 감독에 의해 만들어지고 백인 관객을 염두에 둔 포이티어류의 온건한 흑인 인물은 더 이상 흑인 관객의 공감을 얻지 못하게 된다. 이에 따라 흑인을 주인공으로 하고, 흑인의 삶을 다룬, 흑인이 만든 "blaxploitaton" 영화가 등장하였다. 그러나 흑인 관객의 취향에 맞게 만든 영화이지만 여전히 섹스와 폭력과 같은 자극적인 내용을 주로 다루며 공식화된 흑인 인물을 그렸다. 이러한 blaxploitation 영화는 결국 흑인 관객의 돈으로 백인 제작자의 배만 불린다는 비판을 받았다. 1980년대에 들어와서 성공한 흑인 영화는 흑인과 백인이 파트너로 등장하는 흑백 버디영화였다. <48시간 *48 Hours*>나 <리썰 웨폰>이 대표적인 성공작이다. 진정한 흑인의 삶을 다루기보다는 오락 위주의 영화였다. 진정한 흑인 영화가 등장한 것은 흑인 독립영화가 본격 등장하면서부터이며 그 중심에 스파이크 리가 있었다.

말콤 X

스파이크 리 감독

스파이크 리의 <말콤 X>는 흑인에 의해 만들어진 흑인의 삶을 다룬 영화이다. 무엇보다도 역사적으로 논란의 대상이 되었던 흑인 지도자의 일생을 다룬다. 대본은 알렉스 헤일리(Alex Haley)가 쓴 말콤 X 자서전을 바탕으로 하였다. 전기 영화의 걸작으로 평가받고 있지만 이 영화의 또 다른 가치는 60년대와 90년대의 여러 중요한 역사적 사건과 인물들을 등장시킴으로써 미국 흑인 현대사를 이해하는데 도움이 된다는 점이다. 주인공의 험난한 삶을 극적으로 구성하여 멜로드라마적 재미도 제공하지만 스쳐지나가는 수많은 역사적 사실은 영화의 주인공을 흑백 갈등의 역사의 주인공으로 만든다.

영화 <말콤 X>가 발표된 90년대 초는 문화의 다양성, 다문화주의가 주요 화두로 대두 되던 때이다. 그리고 1991년 백인 경찰관들이 로드니 킹(Rodney King)이라는 한 흑인 남성을 집단 구타한 사건이 언론을 떠들썩하게 하였다. 이 사건은 흑백 갈등이 상존하고 있다는 것을 보여주었고, 결국 1992년에 일어 난 LA 인종 폭동의 도화선이 되었다.

영화의 타이틀 소개 장면으로 로드니 킹 구타 사건을 다큐멘터리화하여 처리한 것은 이 영화 제작의 사회적, 문화적 배경을 암시한다. 마이클 조단(Michael Jordan)과 같은 스포츠 스타, 방송계의 거목 오프라 윈프리(Oprah Winfrey), 대통령 후보 경선에 나갔던 흑인 지도자 제시 잭슨(Jessie Jackson), 국무장관이 된 콜린 파월(Colin Powell) 등과 같은 인물이 보여주는 것처럼 90년대는 그 어느 때보다 흑인 성공의 시대이다. 그럼에도 불구하고 대다수 흑인들은 가난한 계층을 형성하고 있었다. 흑인의 가정은 가난과 폭력으로 해체되고 어린이들은 열악한 환경에서 자랐다. 90년대의 한 통계에 따르면 70%의 흑인 어린이들이 아버지 없는 가정에서 자랐다. 이러한 흑인의 열악한 환경은 인종차별 때문이라는 인식이 흑인들에게 여전히 남아있었다.

영화 <말콤 X>의 줄거리는 불우한 어린 시절, 범죄인의 삶과 감옥 생활, 그리고 흑인 지도자의 삶으로 구성되어있다. 말콤 X의 본명은 말콤 리틀(Malcolm Little)이며 그의 아버지는 흑인지도자 마커스 가비(Marcus Garvey)를 신봉하는 목사이자 흑인운동가였다. 흑인운동을 하던 아버지는 KKK단 백인들의 위협과 공격을 받다가 결국 의문의 죽음을 당한다. 어머니 혼자 힘으로 자녀 양육이 불가능하여 말콤은 입양되고 백인들과 같이 학교를 다닌다. 말콤은 똑똑한 학생이었지만 백인 교사는 그의 꿈을 키워주기 보다는 인종적 편견을 가지고 "손으로 할 수 있는 일"을 하라고 가르친다. 성인이 된 말콤은 열차 승무원으로 일하다가 할렘의 범죄 집단에 들어가 범죄의 길에 들어서게 되고 백인 여성과 어울리며 결국 체포된다. 절도죄 2년에다 백인 여성과 함께 한 죄로 6년이 더해져 8년형을 선고받는다. 형을 살다가 감옥에서 만난 흑인 지도자 일라이저 무하매드(Elijah Muhammad)의 측근으로부터 이슬람교에 대한 가르침을 받고 새로운 삶을 살기로 결심한다. 무하매드의 신봉자가 된 그는 백인의 사악함과 흑인의 자주성을 설교하는 이슬람교 목사가 된다. 영화는 공격적인 흑인지도자 말콤이 성지 순례를 다녀와 모든 인종을 포용하는 쪽으로 변화하게 되고 무하매드와 결별하게 되지만, 결국 같은 동족인 흑인에 의해 암살되는 것으로 끝난다.

흑인민권운동과 마틴 루터 킹

영화 <말콤 X>는 한 인물의 생을 통하여 마커스 가비, 일라이저 무하매드, 마틴 루터 킹, 말콤 X 등으로 대표되는 흑인운동의 역사를 조망한다. 이 영화를 이해하기 위해서는 여기서 잠시 흑인운동의 역사를 살펴볼 필요가 있다. 흑인들은 19세기 노예해방 선언 후 시민의 권리를 부여받고 자유민이 되었지만 이 후에도 오랜 동안 흑인들에 대한 차별정책은 지속되었다. 흑백갈등은 미국 남부에서 구체적인 인종차별정책으로 나타난다. 인종차별정책은 투표권 제한에서 가장 잘 나타난다. 남부의 지도층 백인들은 가난한 백인과 흑인의 투표권을 제한하기를 시도하였고 그 방법으로 인두세(poll tax) 부과와 문맹 테스트를 시행하였다. 미시시피주가 가장 강하게 투표권 제한 제도를 시행하였고 다른 남부의 주들이 이를 따랐다.

투표권 제한뿐만 아니라 "법적으로는 동등하지만 실제로는 흑백을 분리시키는"(separate but equal) 정책은 남부에서 오래 지속되었다. 이러한 분리를 합법화하는 법은 짐 크로우(Jim Crow) 법이라 불려졌다. 짐 크로우는 원래 19세기 미국 민스트럴(minstrel) 쇼의 인물이지만 인종분리법을 지칭하게 된다. 인종분리법은 열차의 객차 분리에서 처음 시행되었다.

이 법과 관련되어 널리 알려진 대표적 사건은 뉴올리언즈의 호머 플레시(Homer Plessy)라는 흑인이 백인 전용 기차 객실에서 떠날 것을 요구받자 거부하였고, 이로 인해 인종분리법을 위반한 것으로 기소된 사건이다. 그는 결국 연방대법원에까지 항소하였으나 1896년 연방대법원은 인종분리법은 해당 주의 법률적 판단을 존중한다는 판결을 내렸다. 연방대법원의 판결은 흑백분리를 합법화하였고 그 결과 남부에서 흑백분리정책이 확산되는 계기가 되었다. 학교, 식당, 호텔, 열차, 병원, 스포츠, 오락, 그리고 직장에서 흑백이 분리되었다. 인종간 결혼도 법적으로 금지되었다. 이러한 분리정책과 함께 백인들의 폭력과 린치, 폭동이 빈발하였다. 흑인들은 남부를 떠나거나 남부에 남아 살기 위해서는 외면적으로는 순종적인 모습을 보이며 살았고 주로 교회를 중심으로 한 흑인 공동체를 형성하며 살았다.

이러한 분리정책에 전환점이 된 것은 브라운 대 토피카 교육위(Brown vs. Board of Education of Topeka) 재판이었다. 1951년 캔사스 주 토피카의 흑인들이 학교에서의 흑백분리정책의 부당성을 고발한 것으로 1954년 연방대법원은 공립학교의 흑백분리정책의 위법성을 인정하는 판결을 내렸다. 이 판결은 민권운동가들에게 큰 힘이 되었다.

이어 1955년 12월 알라바마 주 몽고메리의 한 버스 안에서 로사 팍스(Rosa Parks)라는 한 흑인 여성이 백인에게 자리를 양보하지 않아 체포당하게 되고 이에 흥분한 흑인들이 버스 승차거부운동을 벌였다. 몽고메리 버스 보이코트운동은 약 1년간 지속되었다. 흑인들은 단결하여 카풀을 하고 걷거나 하여 버스타기를 거부했다. 짐 크로우법에 대항하여 보이코트하는 것 외에도 연좌농성 등 다양한 저항운동이 있었다. 1956년 11월 연방대법원은 알라바마 인종분리정책의 불법성을 판결하였고 이 해 12월 보이코트는 막을 내렸다.

아이젠하워 정부는 흑인의 투표권을 인정하는 20세기 최초의 민권법안(Civil Rights Act)을 발의하였고 1957년 의회를 통과하였다. 그러나 남부의 비참여로 이 법은 실효를 거두지 못하였다. 이러한 상황에서 아칸사 주의 리틀 락(Little Rock) 고등학교에서는 9명의 흑인 학생이 등교하는 것을 막기 위해 국가경비대가 동원되었고 법원이 이를 제지하였다. 이에 백인들이 시위를 벌여 대통령이 군대를 보내 이들 학생을 보호하는 사태가 발생하였다. 1958년 주지사는 학교를 폐쇄했고 1959년에 가서야 법원이 학교를 다시 열 것을 판결하였다.

민권운동의 정점은 마틴 루터 킹이 이끈 1963년 "일자리와 자유를 위한 워싱턴 행진"(March on Washington for Jobs and Freedom)이었다. 이 모임에서 20만 명의 참가자들이 "We Shall

Overcome"을 부르며 행진하였고 인종폭력, 경찰폭력의 중단, 고용기회의 균등을 주장하였다.

워싱턴 행진 당시 대통령이던 케네디는 TV연설에서 인종분리정책에 대해 비판하였고 이를 종식시키겠다고 천명하였다. 냉전체제하에서 안보문제에 열중하던 그에게 국내 인종문제를 부각시킨 인물은 법무장관이던 동생 로버트 케네디로 그는 당시 인종차별 철폐를 주장한 대표적 백인 정치인이며 그는 민권운동의 중요한 인물로 기록된다. 그는 킹 목사를 지원하였고 케네디 대통령으로 하여금 민권법안을 추진하도록 강권한 주인공이다.

이 워싱턴 행진은 공공장소나 직장에서의 차별을 금하는 민권법안이 발의된 뒤 벌어져서 법안 통과에 압력을 넣는 의미가 있었다. 이 법안은 1963년 6월 케네디 대통령이 의회로 보냈으나 케네디가 암살되자 존슨대통령이 취임한 뒤 1964년 7월 국회를 통과했다. 이 기념비적인 법안은 인종, 피부색, 종교, 성, 국적 등을 이유로 투표, 취업, 공공서비스 등에서의 차별을 금하고 인종차별정책을 행하는 주정부를 법무장관이 기소할 수 있는 권한을 부여하였다. 이어 1965년 킹 목사는 투표권 투쟁을 위해 알라바마 주 셀마에서 몽고메리로 행진하는 시위를 벌였고 결국 투표권법안(Voting Rights Act)이 국회를 통과하여 모든 시민에게 투표권을 부여하였다.

그리고 흑백간 결혼을 금지하는 법은 1967년 대법원의 위헌판결로 폐지되었다. 버지니아 출신의 리차드 러빙(Richard Loving)이라는 백인 남성이 밀드레드 지터(Mildred Jeter) 라는 흑인 여성과 1958년 결혼하여 인종간 결혼금지법 위반으로 처벌을 받게 되자 상고하여 대법원 판결에서 승리하게 된다. 이 사건은 영화화되기도 하였다.

이러한 일련의 민권운동에서 NAACP(National Association

for the Advancement of Colored People)와 같은 흑인 인권단체가 중심 역할을 하였다. 입법 활동에 주력한 NAACP와 달리 50년대 중반 민권운동은 일련의 보이코트와 연좌농성, 행진을 주도한 기독교 단체와 학생 단체가 주도권을 가졌다. 이때 등장한 지도자가 마틴 루터 킹(1929-68)이다. 흑인 지도자로 부상한 침례교 목사인 마틴 루터 킹은 할아버지가 노예였고 아버지는 목사였으며 그는 보스턴 대학교 신학대학에서 철학박사 학위를 받았다. 지적이고 웅변가적 자질을 가진 그는 몽고메리 보이코트 때 지도자로 등장하였다. 19세기 사상가인 헨리 데

마틴 루터 킹과 말콤 X

연설하는 마틴 루터 킹

이비드 쏘로우(Henry David Thoreau)의 시민불복종에 대한 글을 읽고 영향을 받은 그는 인도의 독립운동 지도자인 간디의 비폭력 저항에 감명을 받아 온건한 비폭력 불복종을 통한 저항을 주장하였고 또한 기독교에 기초한 사랑의 무기를 사용할 것을 주장하였다. 이어 몽고메리 보이코트로 살해 위협을 받고 구속되기도 하였다. 그는 평화적 보이코트를 흑인민권운동으로 발전시켰고 몽고메리 흑인운동의 지도자에서 전국적인 흑인지도자로 부상하였다. 그는 과격한 분리주의 흑인운동을 비판하였고 폭력으로는 이길 수 없다고 주장하였다. 그의 기독교적인 사상과 온건 노선은 백인들에게도 공감을 얻었다. 그는 1963년 워싱턴 행진을 이끌었고 이 모임에서 유명한 "나는 꿈이 있어요"라는 연설을 한다.

> 나는 꿈이 있어요. 언젠가 … 과거 노예의 자손들과 과거 노예 주인의 자손들이 형제처럼 같은 테이블에 앉게 되리라는.
>
> I have a dream that one day ... the sons of former slaves and the sons of former slaveowners will be able to sit together at the table of brotherhood.

그는 노벨평화상을 받았을 뿐 아니라 그의 탄생일은 미 공휴일로 지정되었다. 그가 중심이 된 1950-60년대 중반까지의 약 10년간의 민권운동은 미국 사회 전반에 큰 변화를 불러일으키고 중요 법안을 이끌어냈다.

말콤 X

말콤 X와 블랙파워운동

영화 <말콤 X>는 킹 목사 주도의 민권운동과 여타 단체의 입법 활동과는 반대 노선을 달리는 흑인운동을 다룬다. 민권운동이 흑인의 미국사회로의 통합을 목표로 했다면 블랙파워운동은 흑인의 힘과 자긍심과 문화적 의식을 고취시키려 하였다. 1960년대 중반 미국 흑인 인구의 70%는 가난과 범죄가 만연한 대도시에 게토를 형성하여 살고 있었다. 민권운동을 통하여 힘들여 획득한 법적인 지위에도 불구하고 그들의 실제 삶은 여전히 2등 시민의 그것이었다. 이러한 상황에서 1966년경 흑인의 지위 향상을 의미하는 "블랙파워"는 새로운 운동 구호가 되었다. 민권운동에서와 같은 비폭력적 저항--연좌농성, 행진, 보이코트 등--과는 다른 새로운 투쟁 방법을 제시한다. 폭력과 억압에 대해서는 폭력으로 대응할 것을 주장하였다.

블랙파워의 의미는 흑인의 뿌리와 자존심 회복의 의미도 있지만 흑인의 권력을 의미한다. 흑인의 뿌리 회복은 백인사회에 동화되는 것이 아니라 분리됨으로써 가능하다고 주장하였다. 블랙파워운동을 주도한 대표적인 단체는 이슬람국가(Nation of Islam)이며 여기에서 영향을 받은 블랙팬더(Black Panther)당도 블랙파워운동에 동참하였다. 월러스 무하매드(Wallas Muhammad)가 1930년 설립한 단체인 이슬람국가는 흑인의 영적, 정신적, 사회적, 경제적 지위 향상을 목표로 하였고 1950년대 말에서 60년대 초에 명성을 떨쳤다. 이 당시 지도자는 일라이자 무하매드(Elijah Muhammad)였고 말콤 X는 단체를 대표하는 목소리 역할을 하였다. 이슬람국가에 영향을 받아 1966년 캘리포니아 오클랜드에서 창설된 호전적인 정치적 기구인 블랙팬더당은 선동적이고 폭력적인 구호로 대중에 공포심을 주었다. 블랙 팬더당은 "총을 가져라," 혹은 "백인을 죽여라," "흑인에게 모든 권력을"(All Power to the People) 등의 구호를 외쳤다.

영화 <말콤 X>는 이러한 블랙파워운동의 대표적인 인물인 말콤 X의 삶을 그린다. 특히 이 운동을 이끄는 단체인 이슬람국가의 지도자인 일라이저 무하매드와의 관계, 마틴 루터 킹과의 관계를 잘 그리고 있다. 영화의 첫 장면은 말콤 X의 노선을 상징화하여 보여주는데 백인 경찰의 로드니 킹 구타 장면, 불타는 미국 국기가 그것이다. 미국 국기가 불태워지면서 말콤 X의 X자가 보이고 그의 선동적인 연설이 들려온다. 백인은 지구상 최악의 살인자요, 납치자이며, 흑인은 미국인이 아니라 미국의 희생자들이라고 연설한다. 흑인들이 미국에서 경험하는 것은 '아메리칸 드림'(American dream)이 아니라 '미국의 악몽'(American nightmare)이라고 말한다. 영화 첫머리에 들려오는 미국사회와 백인에 대한 호전적인 독설은 말콤 X의 철학을 축약한 것이다.

이 철학은 민권운동을 주도한 온건 노선의 마틴 루터 킹과 대치된다. 킹의 "나는 꿈이 있어요" 연설에 답하여 말콤 X는 "킹이 꿈을 꾸는 동안 나머지 흑인들은 악몽을 꾸고 있다"고 말한다. 영화는 상당 부분 말콤과 킹 목사와의 차별성을 부각시키는데 할애한다. 실제 TV화면을 사용하여 비폭력저항운동을 호소하는 킹의 연설 장면과 "우리는 두렵지 않아"를 외치며 행진하는 흑인들의 모습을 보여준다. 경찰에 의해 잔인하게 진압되고 백인들에게 린치당하는 흑인들을 바라보는 말콤 X의 모습이 교차한다. 이어 말콤 X의 연설 장면과도 교차되는데 그는 원수를 위해

기도하고 원수를 사랑하며 뺨을 맞으면 다른 뺨도 대주라는 킹의 성경적 가르침을 비난한다.

말콤 X는 킹을 "엉클 톰(Uncle Tom) 지도자"라 부른다. 백인 주인과 한 집에서 살며 주인의 의도에 부합된 행동을 하는 충성스런 흑인 노예를 "엉클 톰 니그로"라 부르는데, 이와 같이 백인에게 우호적인 태도를 보여주는 킹 목사가 엉클 톰 지도자라는 의미이다. 말콤 X는 흑인운동의 주류라 할 수 있는 킹의 비폭력저항운동은 바보의 철학이라 조롱한다. 킹 목사와 같은 성을 가진 로드니 킹이 백인에게 구타당하는 장면을 영화 첫 부분에 보여준 것은 아마도 킹의 오류를 강조하기 위함인 듯하다. 킹의 비폭력저항운동은 30년이 지난 뒤 또 다른 킹의 수난으로 나타난다.

그리고 말콤 X는 흑인은 400년간 백인 폭력의 희생자였으며, 적의 공격에 방어할 권리는 타고난 권리이기 때문에 흑인이 백인의 폭력에 맞서는 것을 당연하다고 주장한다. 킹과 같이 대다수의 흑인지도자들이 백인 사회에 흑인을 동화시키려 노력한 반면, 말콤 X는 백인 주인에게서 도망가는 흑인을 모델로 흑백의 완전한 분리가 유일한 해결책이라고 설파한다. 기독교에 기초한 킹과 달리 말콤 X는 기독교를 백인의 종교라 보고 이슬람교에 기초한 흑인 사회 건설을 시도했다. 흑인의 뿌리를 중시하였고 흑인의 문화를 중시하였다. 흑인이 독자적인 사회를 건설하여야 한다고 주장하였다. 그가 원한 것은 흑인 혁명이었다.

영화의 가장 중요한 부분은 이러한 말콤 X의 이념이 체계화되는 감옥생활 장면이다. 이슬람국가 지도자 무하매드의 심복인 베인즈(Baines)와 같이 감옥소에서 생활하며 이슬람국가에 관해 듣게 된다. 베인즈는 모든 백인이 악마이며 신은 흑인이며 최초의 인간은 흑인이라고 말한다. 베인즈는 영어사전에 나타난 흑백의 정의를 예로 들면서 백인중심문화가 만들어 낸 흑백의 상하 위계질서를 전면적으로 부정할 것을 가르친다. 백은 순결하고 고귀한 것, 흑은 더럽고 사악하고 저급한 것으로 설명하는 사전은 백인 문화의 산물이라는 것이다. 베인즈는 대신 흑인 중심의 새로운 문화 창조의 중요성을 말한다. 이러한 생각들은 이슬람국가의 중요한 사상이다.

말콤 X는 베인즈에게서 이슬람국가 교리를 습득하고 무슬림으로 개종한다. 말콤은 원래 자신의 성인 리틀(Little)이 백인 노예 주인이 부여한 것으로 믿고, 이를 버리는 대신 아프리카인의 잃어버린 역사와 뿌리를 상징하는 X를 성으로 삼는다. 말콤 리틀이 말콤 X로 변화하는 과정은 성경에서 예수를 핍박한 사울이 예수의 사도인 바울로 변화한 것에 비유된다. 감방에서 영적 지도자인 무하매드의 환영을 만나는 장면은 압권이다. 변화한 말콤 X는 예수가 백인이 아니라 흑인이라고 백인 목사와 논쟁을 벌인다. 형을 마치고 나온 말콤 X는 더 이상 과거의 도둑, 마약 딜러, 사기꾼이 아니다. 이슬람교의 목사로서 길거리 설교를 시작하는데, 흑인은 미국인이 아니라 흑인이며 400년간의 노예근성에서 벗어나 자주성을 찾고 흑인만의 새로운 국가를 건설할 것을 설교한다.

이어 로드니 킹 사건을 연상시키는 사건이 발생한다. 경찰이 흑인 남성 존슨을 구타하고 연행한 것이다. 이 사건이 발생하자 흑인들이 단합하여 경찰에 찾아가 그를 구출하는 장면은 흑인 연대를 중시하는 말콤 X의 신념과 흑인들의 저항의 중요성을 보여준다.

영화는 전국적인 명성을 얻은 말콤 X가 이슬람국가 단체 지도자들의 견제를 받는 장면, 성지순례를 다니는 장면으로 이루어진다. 성지순례를 다녀와 말콤 X는 과거보다 유연하고 포용적으로 변화한 모습을 보여준다. 그리고 지도자인 무하매드와 갈등을 겪고 마침내 살해되는 것으로 끝난다. 그의 죽음을 바라보는 TV 속 킹 목사의 표정은 담담해 보인다. 당시 말콤 X에 대한 평가가 그리 호의적이지 않음을 보여주는 장면이다. 그러나 이 영화는 강성일변도의 한 면만을 가진 투사가 아니라 발전하고 변화하는 다면의 주인공을 보여준다.

역사가들은 강성일변도에서 다소 유연해진 말콤 X가 살해되지 않았다면 흑인 사회에 어떤 공헌을 했을지 아쉬워하기도 한다. 이슬람국가의 분리주의는 킹의 통합주의나 NAACP보다 상대적으로 지지 세력이 적었다. 그러나 블랙파워 철학은 폭력성의 문제가 있기는 하였지만 "블랙"의 가치, 흑인의 뿌리에 대한 자긍심을 고취시키는 계기가 되었다. 오랜 노예생활과 제도화된 인종차별로 인해 자긍심이 사라진 흑인들에게 주체성과 자아존엄성에 대한 의식을 심어준 것이다. 말콤 X는 흑인들이 자신들을 "깜둥이"(nigger)가 아닌 "아프리칸 아메리칸"(African American)으로 부르도록 주장하였고 이를 통해 흑인의 뿌리와 역사를 인식하도록 하는데 기여했다는 평가를 받고 있다.

말콤 X의 영향은 복싱 영웅인 무하마드 알리의 개명에서 잘 나타난다. 흙이라는 의미의 성을 포함하는 캐시어스 클레이(Cassius Clay)라는 본명은 백인이 준 이름이라는 이유로 거부하였다. 알리는 이슬람국가에 가입하면서 무슬림으로 개종하였고 이슬람의 가르침에 위배된다면서 베트남전 징병에 응하지 않았다. 이 때문에 미국에서 권투를 하지 못하도록 금지 당하기도 하였다.

블랙파워운동은 스포츠 분야 뿐 아니라 예술 분야에도 영향력을 가지고 있었는데 블랙아트운동(Black Arts Movement)은 블랙파워운동을 예술 분야에서 실천하려는 운동이다. 이 운동의 중심 인물 중에 아미리 바라카(Imamu Amiri Baraka)가 있는데 그는 르로이 존스(LeRoi Jones)라는 이름을 버리고 무슬림 이름으로 개명하고 할렘에서 흑인문화 부흥에 주력하였다. 흑인 문화와 역사에 대한 관심은 아프리칸-아메리칸 연구(African-American Studies)로 미국 주요 대학에서 시작되는 계기가 되기도 하였다.

민권운동 이후에 약자 보호 정책인 어퍼머티브 액션(Affirmative Action)의 시행으로 교육, 취업에서도 흑인은 많은 혜택을 받았다. 영화 <말콤 X>가 발표된 1990년대에 들어오면 다수의 흑인 지도자들의 등장으로 흑인의 지위 향상을 증거하였으며, 2000년대에 이르러서는 바라크 오바마(Barack Hussein Obama), 콘돌리자 라이스(Condoleeza Rice)가 21세기의 새로운 흑인 정치가로 각광을 받고 있다.

그러나 이러한 일부 흑인의 성공 이야기에 대해 조심스럽게 바라보는 시각도 존재한다. 파월이 국무장관이 되었을 때 그는 백인중심사회의 희생양(scapegoat)이 아니라 "성공양"(success-goat)이라는 우스개 말이 적용될 만하였다. 소수의 성공한 흑인이 미국사회의 공평성을 반증하는 알리바이로 쓰인다는 의미이다. 영화 <말콤 X>에서 베인즈는 이러한 소수 흑인의 성공담을 경계한다. 흑인 죄수들이 브루클린 다저스(Brooklyn Dodgers) 구단에 첫 흑인 야구 선수인 재키 로빈슨(Jackie Robinson)이 입단(1947)한 것을 자랑스러워하자 베인즈는 한 사람의 성공이 전체 흑인에 대한 억압을 보상해 주지 못한다고 말한다. 스파이크 리 감독은 90년대 "성공양" 문제점을 야구선수 로빈슨 이야기에 적용하여 경계심을 표시한 것이다.

루이
파라칸과
백만인
행진대회

영화 <말콤 X>가 개봉된 몇 년 뒤인 1995년 이슬람국가의 당시 지도자인 루이 파라칸(Louis Farrakhan)은 수도 워싱턴에서 백만인 행진대회(Million Man March)를 개최하여 흑인사회의 재건립을 강조한다. 파라칸은 이 행사를 기념하기 위해 10년 뒤인 2005년 "Millions More Movement"라는 이름으로 또 한번의 행진을 개최하였다. 이 행사에는 블랙팬더 지도자인 마리크 샤바즈(Malik Zulu Shabazz), 바라크 오바마 상원의원 등 다양한 흑인 지도자가 함께 하여 블랙파워운동의 맥을 이어가고 있는 것이다.

민권운동가이지 작가인 두보이스(W.E.B. Du Bois)는 "흑인 없이 오늘의 미국이 있을까?"라는 질문을 던진 적이 있다. 흑인 없이 오늘의 미국은 존재하지 않았을 것이다. 미국과 흑인의 관계는 통합과 분리의 상반된 구호 아래에 변화를 거듭하고 있다. 수많은 인종과 민족이 모여 이루어진 나라 미국에서 분리주의를 주장한 그룹은 흑인이 유일하다. 미국 내 그 어느 민족이나 인종 그룹보다 흑인에 대한 편견과 차별이 심하였고 그 결과 흑인은 미국사회에 수용되기가 어려웠던 것이 역사적인 사실이다. 파라칸의 이슬람국가 그룹이 여전히 건재한 것은 이 사실을 증명한다.

그럼에도 불구하고 동화와 통합의 이상이 여전히 살아있다고 보는 학자들도 많다. 다수의 성공한 흑인 남성들이 백인 여성과 결혼하는 것은 이미 흔한 일이 되었고 흑백간, 인종간 결혼은 점차 증가하고 있다. 2005년 한 통계는 미국의 전체 부부 중 약 7%가 타인종간 결혼이라고 밝히고 있다. 이민자의 나라인 미국에서 이러한 타인종간 결혼은 점점 증가할 것으로 예상되며 이것은 결국 인종간 장벽이나 인종차별을 완화하는 역할을 할 것으로 예상하는 학자들도 있다.

참고문헌

Benshoff, Harry M., and Sean Griffin. *America on Film : Representing Race, Class, Gender, and Sexuality at the Movies.* Oxford : Blackwell, 2004.

Bigsby, Christopher. *The Cambridge Companion to Modern American Culture.* Cambridge : Cambridge UP, 2006.

Davies, Jude, and Carol R. Smith, ed. *Gender, Ethnicity and Sexuality in Contemporary American Film.* Edinburgh : Keele UP, 1997.

Luedtke, Luther S., ed. *Making America : The Society and Culture of the United States.* Chapel Hill : U of North Carolina P, 1992.

Tindall, George Brown, and David Emory Shi. *America : A Narrative History.* 7th ed. Vol. 2. New York : Norton, 2007.

성혁명의 추억

<부기 나이트>

<아이스 스톰>

1990년대와 성혁명의 전통

1990년대에 들어와 60년대 성혁명의 여파를 다룬 일련의 영화가 개봉되었다. <래리 플린트 *The People vs. Larry Flynt*>(1996), <아이스 스톰 *Ice Storm*>과 <부기 나이트 *Boogie Nights*>(1997)가 그것이다. 이어 2000년대에 들어와 또 다시 두 편의 영화가 발표되었다. 2005년 발표된 <인사이드 딥 쓰로트 *Inside Deep Throat*>는 극장용 성인영화 시대를 연 기념비적인 영화 <목구멍 깊숙이 *Deep Throat*>(1972)를 반추하는 다큐멘터리로 당시 주류 영화산업에 성혁명을 불러일으킨 포르노그라피 영화의 의미를 되짚어보고 당시의 논쟁을 재연한다. 2004년 공개된 <킨제이 *Kinsey*>는 60년대 성혁명의 단초가 된 성의학자 킨제이(Alfred Kinsey)의 일대기를 그린다.

1997년 발표된 <아이스 스톰>과 <부기 나이트>는 60-70년대 성혁명에 대한 기억을 되살리는 영화이다. 성혁명을 다룬 영화들이 개봉되던 1990년대에 들어와 미국사회에서는 기독교계를 중심으로 전개된 순결서약운동이 큰 관심의 대상이 되었다. 혼전 금욕을 모토로 한 "True Love Waits"('진정한 사랑은 참고 기다린다'라는 의미를 담고 있다)와 같은 모임이 결성되면서 많은 젊은이들의 호응을 얻고 있다. 음악과 같은 대중적 공연을 한 후 반지를 끼며 금욕을 맹세하는 "은반지회"(Silver Ring Thing), 아버지가 딸과 함께 춤을 춘 뒤 금욕을 맹세하는 "순결 무도회"(Purity Ball)가 이러한 순결서약운동의 대표적인 예이다.

이처럼 순결을 맹세하거나 순결반지를 끼는 행사는 정부의 지원을 받기까지 했으며 "True Love Waits"는 회원이 100만 명이 넘는다는 통계가 발표되었다. 10대들을 대상으로 한 이러한 순결운동은 미국이 청교도주의(puritanism) 전통이 강한 나라라는 것을 보여준다. 미국은 성에 관한한 서유럽보다 보수적인 태도를 견지하고 있다.

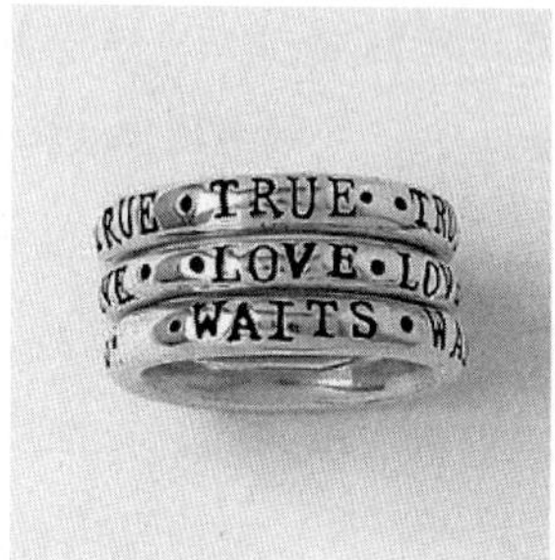

순결반지

그러나 이러한 순결운동은 청소년의 성 문제에 대한 미국의 위기의식을 반영하는 것이다. 이러한 위기의식의 뿌리는 1960년대에 있다. 1960년대 이후 미국사회는 성 의식과 태도에 대변화를 겪었고 프리섹스와 다양한 성적 실험을 받아들였다. 당시 이들이 성을 바라보는 태도나 관점은 과히 혁명적이었고 이를 "성혁명"(sexual revolution)이라 부른다. 60년대 반전운동, 반문화운동에 앞장선 젊은 세대는 성적 자유를 정치적 이슈로 삼았고 "Make love, not war"(전쟁이 아니라 사랑을 하자)라는 구호를 내걸었다. 성의 문제는 베이비붐 세대들에게는 민권운동, 여성운동, 게이/레즈비언 운동, 환경운동, 평화운동만큼이나 중요한 사회적 이슈로 간주되었다. 따라서 이 시기는 성혁명의 시대가 된 것이다.

1960년대는 성에 관한 모든 것이 허용되는 "관용적"시기였다. 남녀관계는 상하가 아닌 평등한 관계로 발전되었고 여성은 아이 낳는 문제나 성적인 의사표현에 보다 능동적이 된다. 성에 대한 법적, 의학적 규제가 개혁되었으며, 동시에 성의 상품화와 포르노그라피가 확산되었다. 1990년대 중반에 발표된 <네 번의 결혼식과 한 번의 장례식 *Four Weddings and a Funeral*>의 여자 주인공 캐리(Carrie)가 33명의 남성과 성관계를 가졌다고 찰스(Charles)에게 고백하는 장면이 있다. 보다 최근에 와서 인기 TV 드라마 <섹스 앤 더 시티 *Sex and the City*>의 인물 중 한 명인 미란다(Miranda)도 유사한 수의 섹스 파트너를 언급하는 장면이 있다. 캐리의 섹스 파트너의 수는 90년대 당시 미국의 통계에 비춰보면 턱없이 과장된 수이지만 문란한 성 문제는 사회적인 이슈임에 틀림없었다. 캐리는 60년대 말 성혁명 당시의 프리섹스를 연상시키는 인물이다. 혼전 섹스, 프리섹스의 일반화는 60년대 성혁명의 산물이라 할 수 있다. 90년대는 60년대의 베이비붐 세대가 10대의 자녀를 둔 부모가 된 시점이기도 하다. 60년대 성혁명을 이끈 세대가 부모가 된 시기에 순결운동이 전개된 것은 역사적 아이러니라 할 수 있다.

1960년대 성혁명은 전례가 있었는데 음주 파티와 성적인 방종이 팽배하였던 1920년대를 들 수 있다. 헤밍웨이(Ernest Hemingway), 피츠제랄드(Scott Fitzgerald), 밀레이(Edna St. Vincent Millay) 등의 문인이 활동했던 잃어버린 세대(Lost Generation)의 시대이기도 하다. 1920년대는 미국사회의 전환기로 빅토리아시대의 엄격한 규율에서 벗어나, 프로이트(Sigmund Freud)의 성적 무의식 이론에 영향을 받아 성적 자유로 나아가는 시점이었다. 특히 1차 대전으로 인해 세계관이 변화하였고 이는 빅토리아식의 성적 억압을 탈피하는 계기가 되었다. 이혼의 증가, 자유로워진 성 등 20세기 첫 성혁명이 일어난 것이다. 이 때의 변화는 성에 대한 인식을 바꿔 놓았고 60년대 성혁명의 토대를 만들었다. 그러나 20년대 성적인 혁명은 일시적이었다. 이어지는 50년대의 보수적 냉전 시대, 순응의 시대, 청교도주의로 20년대의 자유로운 분위기는 한풀 꺾이게 되었다.

1960년대 성혁명의 동인은 크게 두 가지 점에서 설명된다. 성에 대한 인식의 변화와 피임약의 개발이다. 성에 대한 가치관의 변화는 반문화운동의 영향을 받았다. 특히 베트남전의 영향을 많이 받았는데 전쟁에 환멸을 느낀 젊은 미국인들은 자신의 사회를 비판적으로 보게 되었다. 즉 옳고 그른 것의 판단 기준이 변화하기 시작하였다. 베트남에 대한 국가의 판단이 잘못된 것이라면 가정, 종교, 성 등 중요한 이슈에 대한 기존의 국가의 판단도 잘못된 것일 수 있다는 생각이 팽배하였다.

성에 대한 인식의 변화시키는 데는 공개적인 성 담론의 확산도 일조하였다. 성 담론의 공개적인 확산에 기여한 인물은 성의학자 알프레드 킨제이로 그는 40년대 말과 50년대 초에 남녀의 성행위에 관한 보고서를 각각 발표하였다. 이 보고서는 이제까지 비밀스럽게 숨겨왔던 사적인 성적 문제를 공개하였고 후속 연구들을 촉발하였다. 프로이트의 제자인 정신분석학자 빌헬름 라이히(Wilhelm Reich)는 성적인 표현은 자연스러운 것이라고 말하면서 가정가치관, 성도덕, 사회적 이념이 성적 에너지(libido)를 억압하고 파괴한다고 주장하였다. 성적억압은 권위주의적인 태도로 발전할 수 있다고 주장하기도 하였다. 그의 주장은 지식인뿐 아니라 일반대중에 큰 영향을 미쳤고 이에 영향을 받은 사람들이 성혁명을 주도하였다.

라이히의 주장은 킨제이 보고서에서 실증적인 증거를 찾았다. 킨제이 보고서의 따르면 기혼남성의 절반이 외도 경험이 있다는 것이 밝혀졌다. 동성애 관련 자료도 논란의 대상이었는데 킨제이에 따르면 일반대중이 아는 것보다 동성애는 널리 퍼져 있었다. 약 37%의 남자가 한번쯤은 동성애 경험이 있는 것으로 드러났다. 여성들의 성에 관한 것도 발표되었는데 학자들이 생각하는 것보다 훨씬 더 여성들이 성에 관심을 가지고 있음이 드러났다. 이러한 다양한 성에 대한 연구들은 혼전 섹스, 혼외정사, 자위, 성적 환상, 동성애 등을 공개적으로 얘기할 수 있게 하였다. 킨제이의 연구 뿐 아니라 여성의 성을 추가적으로 연구한 윌리엄 마스터스(William Masters)와 버지니아 존슨(Virginia Johnson)의 보고서는 성혁명에서의 여성의 중심적 위치를 각인시켰다. 여성의 섹슈엘리티(sexuality)가 다시 인식되었고 중시되었다. 남성과 차별화되는 여성의 섹슈엘리티에 대한 인식은 동시에 발생한 페미니즘운동과 함께 성혁명에 중요한 역할을 하였다.

성적 주체로서의 여성의 성생활에 변화를 준 결정적인 요인은 피임약의 개발이었다. 1960년 미 식품의약국(FDA)에 의해 인가된 피임약은 결혼한 여성을 위한 약으로 개발되었다. 그러나 임신을 원치 않는 모든 여성에게 성적 자유를 제공하였고 여성이 자신의 몸을 스스로 통제할 수 있도록 하였다. 1966-67년경이 되면 대다수 여성이 피임약을 복용하였고 섹스에 탐닉하는데 도움을 주었다. 혼전섹스가 성행하였고 여성들이 성에 대해 적극적이 되었다. 그러나 출산율은 3.6에서 2.5로 급감하였다. 피임약은 여성이 자신의 몸을 통제 가능하게 함으로써 직업을 가질 수 있게 하였고 이런 점에서 페미니즘 운동에 기여하기도 하였다.

성혁명은 그밖에 여러 사회적 변화를 초래하였다. 제도적으로는 피임, 낙태, 타인종 간 결혼도 합법화되었다. 게이/레즈비안 운동으로 동성애 또한 합법화되었다. 포르노그라피 종사자와 문학과 공연 예술가들은 성적 표현의 자유를 위해 투쟁하였고 원하는 성적 표현의 자유를 획득하였다. 60년대 이후 대중문화는 노골적인 성적인 장면, 동성애 등을 표현하는데 거리낌이 없었다. 『헤어』(*Hair*), 『디오니소스 69』(*Dionysus in 69*) 등 공연무대에서도 나체가 등장하였다.

성혁명의 핵심 현상은 결혼하지 않은 사람끼리의 성관계가 자유로워지고 허용된 점이다. 1970년대 중반에 이르러 데이트를 하면 섹스를 하는 것은 일반화되었고 여성들은 피임약을 복용하여 콘돔을 사용하지 않게 되었다. 이혼이 늘어나면서 결혼은 일생에 한 번 하는 것이 아니라 여러 번 할 수도 있다는 의식이 일반화되기 시작하였다. 배우자를 평생 한명만 가지는 전통적인 일부일처제, 단혼제의 패턴은 힘을 잃게 되었다. 첫 성경험은 갈수록 빨라지게 되고 복수의 파트너와 성적인 실험으로 이어지게 되며 그 결과 결혼 시기는 늦어지게 되었다. 이처럼 성혁명은 결혼, 육아, 가정 등 다방면에 영향을 미쳤다.

여성운동, 반문화운동, 새로운 라이프스타일, 동성애 운동, 쾌락의 중시, 삶의 질 향상 등에 영향을 미친 성혁명은 종교계 등의 보수진영의 반발을 불러일으켰다. 새로운 성문화에 대처하기 위한 새로운 조직이 생겨났고 정치 대표를 뽑았다. 입법 활동이 활발해지고 성적으로 진보적인 프로그램에 대한 지원을 금지하려는 투쟁이 활발해졌다. 소위 문화전쟁(culture wars)이 진행되는 것이다.

부기 나이트

성혁명과 포르노그라피

<부기 나이트>는 캘리포니아 포르노 영화계를 다룬 영화이다. 26세의 앤더슨(Paul Thomas Anderson) 감독은 자신이 직접 경험해보지 못한 성혁명의 역사를 성인영화업계를 통해 재구성한다. 이 영화의 시간적 배경이 되는 1977년부터 80년대 초까지는 영화관 상영 성인영화가 홈비디오로 전환되는 시점이며, 80년대 보수적인 사회분위기에 의해 포르노업계가 변화되는 시점이다.

영화 속 포르노업계는 밤새도록 신나게 춤추며 즐기는 파티와 마약이 파티가 끊이지 않는 향락이 넘치는 하나의 가족처럼 그려진다.

<부기 나이트>의 한 장면

<부기나이트>
의 타이틀

가족은 타락한 성도착자들이 아니라 서로를 가족처럼 여기며 공존하는 집단이다. 영화의 주인공 에디 아담즈(Eddie Adams)는 고등학교를 중퇴하고 나이트클럽에서 일하다가 포르노영화 감독 잭 호너에게 발탁되어 성인영화 배우가 된다. 잔소리가 심한 엄마와 무기력한 아버지를 둔 애정없는 가정에 환멸을 느끼다가 인자한 아버지 같은 잭 밑에 들어간 것을 행운으로 여긴다. 에디는 업계가 탐내는 그의 "13인치" 거대 남근을 하늘의 선물로 여기며 이를 최대한 활용하여 꿈꾸어 왔던 포르노 스타 "더크 디글러"(Dirk Diggler)로 성장하게 된다. 그는 영화에서 번 돈으로 화려한 옷과 신발, 아파트, 자동차를 구입하며 스타의 삶을 누린다.

그러나 에디는 마약에 빠지게 되면서 영화촬영에 지장을 초래하게 되고, 촬영 중 감독 잭과 불화가 생겨 성인영화계를 떠난다. 이후 에디는 록음악 제작을 시도하지만 돈이 없어 이마저 포기하고 길거리에서 남창으로 전전하다 마약 사기 거래에 가담하나 그것마저 실패한다. 갈 곳이 없는 그는 결국 잭 호너에게 돌아온다.

영화제작의 자금줄인 커널 제임스(Colonel James)는 아동 프로노 혐의로 구속된다. 이후 잭의 팀은 사분오열한다. 잭은 비디오와 경쟁하는 불리한 환경 속에서도 진짜 영화다운 포르노를 제작하려 애쓰지만 뜻대로 되지 않는다. 여자 주인공 앰버(Amber)는 포르노배우라는 직업으로 인해 이혼을 당한다. 아들의 양육권을 빼앗긴 그녀는 같이 일하는 배우들을 자녀로 여기며 일종의 엄마 역할을 한다. 앰버는 아들의 양육권을 위해 법정투쟁 하지만 패배하고 마약에 빠져든다. 롤러걸(Rollergirl)은 학교보다는 영화에 더 매력을 느끼고 앰버를 엄마처럼 대한다. 카메라맨 리틀 빌(Little Bill)은 포르노배우와 결혼하였으며 아내는 파티장에서 사람들 앞에서 공개적으로 다른 남자와 섹스를 할 뿐 아니라, 남편을 두고도 다른 남자와 섹스를 즐기는 인물이다. 리틀 빌은 이를 참지 못해 결국 총으로 아내를 살해하고 자살한다. 포르노업계가 중시하는 프리섹스를 받아들이지 못한 결과이다. 영화는 다시 포르노계로 복귀한 에디의 성기(인조이다) 노출 장면으로 끝난다.

이 영화는 <목구멍 깊숙이> 이후 호황을 누렸던 성인영화 전성기인 70년대를 그린다. <목구멍 깊숙이>의 여자 주인공이 성적 만족을 위해서는 "9인치 남근"이 필요하다는 코믹한 설정을 하고 있는데, <부기 나이트>는 이를 바탕으로 성인영화의 성패를 좌우하는 요소로 남성 사이즈를 중시하는 풍속도를 반영하고 있다. 보다 포괄적으로는 포르노 산업을 정당한 산업으로 인식하는 영화종사자들의 자유분방하면서도 성공에 집착하는 면을 다룬다.

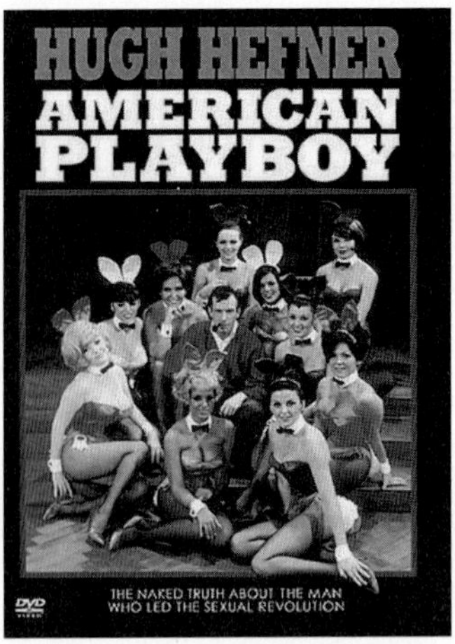

휴 헤프너와 플레이메이트

사실 포르노그라피가 정당한 산업으로 인정받기까지에는 많은 사회적 갈등이 있었다. 포르노그라피의 대중화를 이끈 주인공은 무엇보다도 1953년 첫 발간된 남성잡지 『플레이보이』지이다. 대표적인 이 성인잡지는 성혁명의 상징적인 존재였고 성적으로 해방된 라이프스타일의 입문서와 같았다(Benshoff 319). 실제로 『플레이보이』가 이끄는 포르노 전선이 미국의 성혁명을 이끌었다고 해도 과언이 아니다. 이 잡지의 창간자인 휴 헤프너(Hugh Hefner)는 창간호에 관능적 여배우인 마릴린 몬로의 누드 사진을 실었고 이 잡지의 성공으로 그는 일약 벼락부자가 되었다. 헤프너는 당시 미국사회의 청교도주의와 정면으로 대항해 성의 자유를 쟁취해 낸 투사로 기억되고 있다. 『플레이보이』를 창간한 뒤 휴 헤프너는 투옥의 위협을 받으면서 법정 싸움을 했다.

이러한 법적 투쟁은 하드코어 잡지인 『허슬러』(*Hustler*)지를 창간(1974)한 래리 플린트(Larry Flynt)도 예외가 아니었다. "여성의 음부야 말로 여성의 신체 중 가장 에로틱한 부분"이라고 말하는 플린트는 여성의 음부를 과감히 게재하였고 헌법이 보장한 표현의 자유를 성인잡지에도 적용되어야 한다고 주장하였다. 보다 더 노골적이며 일부 독자에게 불쾌감을 주기도 한 그의 잡지는 논란의 대상이 되었다. 그의 법정 투쟁 이야기는 1996년 <래리 플린트>로 영화화되기도 했다.

휴 헤프너는 성인산업의 황제로 군림하면서 플레이보이 맨션에서 플레이메이트들과 함께 생활하고 유명인사들을 초대해 화려한 파티를 즐기는 모습이 TV에 자주 등장하면서 프리섹스와 성혁명의 아이콘이 되었다. <부기 나이트>에서 잭 호너가 배우와 스탭과 저택에서 같이 생활하면서 영화제작하고 파티를 즐기는 모습은 플레이보이 저택을 연상시킨다.

<래리 플린트> 영화 포스트

성혁명은 할리우드 영화계에도 영향을 미쳤다. 1930년대부터 자체 검열제도로 기능해 온 제작규범(Production Code)이 1968년 폐지되고, 영화등급제(ratings system)가 도입되면서 노골적인 누

드 장면, 불륜, 동성애 등이 스크린에 허용된다. <미드나이트 카우보이> (1969)와 같은 X등급의 영화가 좋은 예이다. 이러한 현상은 70년대에 들어와 포르노그라피 영화로 발전하게 되었다. 그 효시적인 영화 <목구멍 깊숙이>는 엄청난 수입을 올렸다. 할리우드 영화와 포르노그라피 영화가 동시에 극장에서 상영되었다. <목구멍 깊숙이>를 시작으로 X등급 영화가 극장에서 상영되자 성은 사적인 것이 아니라 공공장소에서 함께 즐기는 것으로 발전하였다.

그러나 포르노 극장은 70년대 말 비디오의 보급과 함께 쇠퇴하고 포르노 영화는 가정의 사적인 공간으로 이동하게 되는데 영화 <부기 나이트>는 이러한 시대적인 변천을 담고 있다. 이 영화는 마약, 파티, 스포츠카, 디스코, 70년대식 음악과 옷 등을 통해 포르노산업의 전성기와 모든 것이 허용되는 시기에 대한 충실한 묘사를 하고 있다. 아직 에이즈가 성혁명의 바람을 잠재우기 전인 70년대에의 향수가 담겨있다(Hayward 290). 주인공 에디의 모델이 된 실존 포르노 배우는 존 홈즈(John Holmes)로 알려져 있으며 이 배우는 에이즈로 사망하였지만 영화에서는 성병 문제를 다루고 있지 않는다.

이 영화는 마약 문제는 다루지만 성인영화 업계의 중요한 이슈는 언급하지 않고 있다. 여주인공 앰버가 포르노 배우이기 때문에 아들을 만날 수 없는 불이익을 당하는 것을 보여주는데 이는 사회의 편견을 부각시키려 한 것이다. 페미니스트들이 제기한 포르노그라피의 여성 비하와 여성의 성적 대상화 문제도 전혀 제기되지 않는다. 특히 <목구멍 깊숙이>의 린다 러브레이스(Linda Lovelace)가 자서전에서 주장한 것처럼 포르노 업계에서의 여성에 대한 폭력과 착취 문제는 <부기 나이트>가 간과하고 있다. 그러나 <부기 나이트>와 <목구멍 깊숙이> 모두 남성(남근) 중심적이다. <목구멍 깊숙이>가 주인공 여성이 자신의 성적 쾌락을 위해 남성에게 펠라티오(felatio)를 행하여야 하는 플롯 설정을 통해 남성 위주의 성을 그린 것처럼 <부기 나이트>도 지극히 남근 위주의 에로티시즘을 제시하는 것이다.

포르노그라피는 성을 상품화한 것이며 미국 내에서만 연간 10억 달러의 매출을 기록한다. 할리우드는 이 문제에서 결코 자유롭지 못하다. 페미니스트들에 의해 포르노그라피 논쟁이 불붙자 마침내 1980년대 포르노그라피 조사위원회, 일명 미즈(Meese) 위원회의 조사가 있었다. 반대론자들은 포르노그라피가 여성 억압과 반사회적 성격을 조장한다고 주장하였고 찬성론자들은 표현의 자유를 강조한다. 그 논쟁 속에 21세기에 들어서 포르노그라피는 영상을 넘어 사이버 매체를 통해 확장하고 있다. 영화 <래리 플린트>는 이러한 논쟁을 다룬다. 그러나 <부기 나이트>는 이러한 논쟁을 다루기보다는 성혁명의 시대를 잔잔히 그리고 다분히 낭만적으로 기록하는데 만족한다.

아이스 스톰

성혁명의 차가운 후폭풍

성혁명은 포르노그라피와 같은 성인 산업과 문화의 확산 뿐 아니라 보다 근본적으로 성적인 태도의 변화를 의미하며 성적인 다양성에 대한 허용을 의미한다. 1960년대 이후 프리 섹스, 캐주얼 섹스가 유행하였고 성적인 실험문화가 확산되었다. 공동생활, 난교, 섹스클럽이 성행하고, 또한 동성애, 바이섹슈엘리티(bisexuality), 트랜스섹슈엘리티(transsexuality) 등 새로운 젠더에 대한 인식이 강화되었다. 이러한 상황에서 무엇이 성적인 규범이며 정상적인 성의 규범이 무엇인가를 논의하는 것이 무의미하게 여겨질 정도이다. 성적인 실험이 오히려 가장 규범적인 것으로 인식되었다.

영화 <아이스 스톰>은 이러한 성적 실험의 시대를 사는 미국 가정을 그린다. 베트남전 패배의 악몽이 채 가시기 전 닉슨대통령의 워터게이트 사건이 매스컴을 달구던 1973년 코넷티컷 주의 부유한 도시의 중산층을 배경으로, 가정의 해체를 차가운 폭풍우, 아이스 스톰으로 비유해 묘사한다. 추수감사절은 가정의 중요성을 느낄 수 있는 가장 중요한 미국의 휴일이지만 이 영화에서 갈등과 비극의 시간이 된다.

이 영화는 이웃하고 있는 후드(Hood)가와 카버(Carver)가, 두 가정을 배경으로 하고 있다. 두 가정 공히 가족간의 대화가 단절되어 있고 고독한 삶을 산다. 삶의 공허함은 성적 쾌락과 폭력, 그리고 마약으로 채운다. 벤 후드(Ben Hood)는 아내와의 무의미한 결혼 생활을 보상하기 위해 이웃의 짐 카버(Jim Carver)의 아내 제이니(Janey)와 바람을 피운다. 일밖에 모르는 남편과의 무미건조한 삶에 싫증난 제이니는 단순히 성적 목적을 위해 벤과 밀애를 즐긴다. 벤이 제이니와 밀애를 나누면서 삶에 대한 푸념을 늘어놓자 그녀는 "또 한명의 남편"을 원해서 만나는 것이 아니라고 분명하게 말한다. 둘은 오로지 성적인 "필요성"을 충족시키려고 만난다. 벤의 아내 엘레나(Elena)는 남편의 외도를 직감적으로 눈치 챈다. 무미건조한 생활을 벗어나기 위해 딸처럼 자전거를 타보기도 하고 가게에서 물건을 훔치기도 한다. 벤과 엘레나의 딸 웬디(Wendy)는 사춘기 소녀의 성적 호기심을 이웃인 짐 카버의 아들인 마이키(Mikey)와 샌디(Sandy) 형제를 통해 채우려한다. 닉슨 대통령의 마스크를 쓰고 마이키와 섹스를 하려다 아버지에게 들키기도 하고 샌디와 화장실에서 서로 벗은 몸을 보여주려다가 제이니에게 들킨다.

이들의 성적인 욕망과 갈등은 아이스 스톰이 몰아치는 추수감사절에 분출한다. 벤과 엘레나는 친구의 초대를 받아 파티에 참석하게 되는데 이 파티가 단순한 파티가 아니라 키 파티(key party)라는 것을 알게 된다. 키 파티는 60-70년대 미국사회에 유행한 것으로 파티에 참석한 남자들이 자동차 열쇠를 그릇에 넣으면 파티가 끝날 때 여자가 열쇠를 선택하여 열쇠 주인과 같이 떠나게 된다. 처음에는 망설이지만 엘레나는 이 파티에 참가하기로 결심한다. 파트너를 정하는 장면에서 벤은 마음에 두고 있던 제이니가 다른 남자를 택한 것에 분노를 터뜨리다 술기운에 쓰러진다. 남의 아내에 관심을 가지는 이런 남편의 모습을 지켜본 엘레나는 남편에 대한 실망감으로 남편을 남겨두고 제이니의 남편 짐과 파트너가 되어 집을 나선다. 차 안에서 두 사람은 섹스를 나누지만 이들의 섹스는 어설프게 끝나버린다.

이 시각에 벤의 아들 폴(Paul)은 짝사랑하는 학교 친구 리비츠(Libbets)의 집에 가서 성적 욕망의 달성을 바라지만 리비츠가 잠에 빠져들어 실패로 돌아간다. 벤의 딸 웬디는 샌디의 방에서 술을 마시며 같이 잠자리에 든다. 마이키는 이때 아이스 스톰을 구경하러 나갔다가 끊어진 전선에 감전되어 사망한다.

이 영화는 미국 중산층 가정을 성적인 문제를 통해 조명하고 있다고 해도 과언이 아닐 정도로 등장인물 모두가 성적인 문제에 집착하거나 이로 인한 갈등을 겪고 있다. 이 영화는 성 문제가 일반인의 삶에 얼마나 깊숙이 자리 잡고 있는지를 잘 보여준다. 60년대 후반부터 불어 닥친 민권운동(ACLU)과 성 혁명은 이들 중산층의 삶에서 여전히 주된 화제이다. 영화의 시작 부분에 보여 지는 첫 파티에서 당시 막 개봉된 <목구멍 깊숙이>에 대해 얘기를 나누며 서부 캘리포니아 주에서 유행한다는 키 파티를 언급한다. 섹스 파트너를 바꾸는 대표적인 스와핑 방식인 키 파티는 프리섹스를 추구했던 성혁명 시기의 풍속도를 잘 보여주며, 그로인한 가정의 붕괴를 상징적으로 보여준다.

<아이스 스톰>의 한 장면

이 영화의 중심 사건은 키 파티이다. 추수감사절 저녁 이웃이 모인 파티에서 주인의 주장으로 대다수가 이에 참가한다. 이러한 키 파티는 원래 제퍼슨 폴란드(Jefferson Poland)가 결성한 성적자유동맹(Sexual Freedom League)의 추종자들이 샌프란시스코 등 서부 지역을 중심으로 퍼뜨렸다. 성적자유동맹은 누드 파티, 스와핑, 난교 등 극단적 성적 자유를 추구한 단체였다. 젊은

세대를 중심으로 시작된 성혁명은 이미 뉴잉글랜드의 중산층 가정에 까지 침투해있음을 이 영화는 보여준다. 그리고 키 파티에 참석하는 사람은 십대 자녀를 둔 중년 남녀이다. 이들은 미국 사회의 가정가치관의 보루인 인물들이다.

영화 <아이스 스톰>은 미국적 가치의 보루인 중산층 가정의 붕괴를 다룬다. 우리는 이 영화에서 성혁명의 여파를 볼 수 있다. 성혁명은 단순히 섹스 파트너 수의 증가와 같은 성적 자유와 허용의 문제가 아니라 문화적, 사회적 변화를 초래했고 가정의 모습을 바꿔 놓았다. 부부가 서로에게 충실하고 평생을 같이하며 자녀를 양육하는 모습은 성적 욕망의 표현 앞에 유명무실해진다.

성혁명, 그 후 : 끝나지 않은 논쟁

알프레드 킨제이의 전기를 쓴 한 저자는 성이야 말로 미국의 가장 치열한 논쟁의 장이요 문화적 전쟁터라고 말하였다. 지난 10년간 발표된 일련의 영화들은 이 논쟁이 지속됨을 보여준다.

성적 자유는 70년대 말부터 성병이 증가하는 부작용을 낳았다. 헤르페스(herpes)와 같은 성병에 관해 관심이 증가하였다. 80년대 초에는 에이즈가 확산되면서 동성애자들이 그 책임의 멍에를 지게 되었다. 1981년 『뉴욕 타임즈』가 에이즈라는 새로운 질병에 관한 기사를 내보낸 후 게이 남성들이 직접적인 피해를 입었다. 특히 은막의 스타였던 록 허드슨(Rock Hudson)의 성 오리엔테이션과 사망 소식은 게이와 에이즈를 연결시키는데 공헌하였다. 보수단체에서는 이를 게이에 대한 신의 벌로 간주했다. 게이 섹슈엘리티에 대해 비난을 할 뿐 사회적으로 이 질병에 대한 구체적인 대응책을 내놓는 것은 느렸다. 결과적으로는 이러한

(성)병의 확산 이후 성병 감염을 예방하는 안전한 섹스(safe sex)에의 관심이 증대하였고 콘돔 사용 등 성교육이 확대되었다. 순결운동은 이러한 배경에서 나온 것이다.

이 때문인지 몰라도 90년대 미국사회는 성적 자유주의가 주춤해지고 보수적으로 회귀했다는 연구 결과가 있었다. 십대 자녀들의 성적인 활동이 감소하였다는 것이다. 그러나 미국의 십대들은 여전히 2명 중 한 명은 혼전 성경험을 하게 되고 매일 7700명이 첫 성경험을 하며 12000명이 성병에 걸린다는 보고가 있다. 선진국가 중 십대 임신이 가장 많은 나라가 미국이다. 미국의 젊은 세대는 부모가 물려준 성적 자유를 완전히 버리기는 힘들어 보인다. 그러나 이혼과 성병 등 여러 문제점도 목격하였고 과거를 그대로 따르기도 쉽지 않아 보인다. 이처럼 성에 관한 태도는 뚜렷이 양 갈래로 나누어진다.

참고문헌

Benshoff, Harry M., and Sean Griffin. *America on Film : Representing Race, Class, Gender, and Sexuality at the Movies*. Oxford : Blackwell, 2004.

Hayward, Susan. *Cinema Studies : The Key Concepts*. 3rd ed. London : Routledge, 2006.

Judge, Mark Gauvreau. "America's Sexual Rightturn - End of Sexual Revolution." *Insight on the News* June 2, 1997. http://findarticles.com/p/articles/mi_m1571/is_n20_v13/ai_19463145 Retrieved. July 6, 2007.

Tindall, George Brown, and David Emory Shi. *America : A Narrative History*. 7th ed. Vol. 2. New York : Norton, 2007.

레이건 시대의 남성 아이콘

〈람 보〉

1980년대 미국과 <람보 *Rambo*>

<람보>의 주인공 실베스타 스탤론

1980년대 발표된 3편의 『람보』 영화는 폭력적이며 미국적 군사주의의 찬양이라는 비판을 받았다. 그럼에도 불구하고 전례 없는 엄청난 대중적인 인기를 얻었고 그 인기는 람보 열기로 설명될 정도이다. 1985년 『타임』지에 실린 한 기사는 이 람보 열기를 "람보마니아"(Rambomania)란 말로 설명한다(Zoglin 72-73).

<람보> 시리즈는 말 그대로 광적인 인기를 누렸다. 이 영화 시리즈에 등장한 람보의 활, 화살, 칼, 총은 폭발적인 판매액을 기록하였고, 미 육군은 람보의 이미지를 활용하기 위하여 모병 사무실에 람보 포스트를 붙일 정도였으니 그 인기를 짐작할 만하다. 람보는 어느덧 미국 육군뿐 아니라 당시 미국을 대표하는 문화적 아이콘이 된다.

람보는 80년대의 산물이다. 람보의 인기를 이해하기 위하여 당시 시대적 상황을 살펴보면 크게 두 가지 면에서 미국의 80년대를 설명할 수 있다.

첫째는 문화적 배경이다. 60년대와 70년대는 반문화운동과 더불어 프리섹스, 성 담론의 확산을 가져왔고 베트남전 반대 운동과 함께 여성해방운동, 흑인들의 민권운동, 동성애자들의 인권운동 등 다양한 사회적 소수집단의 목소리가 폭발하였다. 60-70

년대의 자유화 바람은 80년대 에이즈의 확산이라는 뜻밖의 복병을 만나 역풍을 맞게 되었다. 동성애 남성들이 에이즈에 걸리게 되자 미국사회는 이를 동성애의 무분별한 생활에 대한 벌로 여겼고, 이로 인해 사회는 성혁명에 대한 반발과 보수화의 물결이 일어난다. 이와 더불어 성해방 담론과 무차별적인 포르노그라피의 확산을 차단하고 마약 퇴치를 주장하는 목소리가 힘을 얻는다.

둘째, 정치적인 상황을 이야기 할 필요가 있다. 정치적으로 1970년대 미국사회는 베트남전쟁의 실패를 겪었을 뿐만 아니라 닉슨대통령의 부패와 하야라는 엄청난 국가적 치욕을 겪었다. 미국민들은 이어 등장한 도덕성을 중시한 민주당 출신의 카터대통령이 미국의 상처를 치유해 주길 바랐다. 그러나 국민의 기대

베트남전쟁 반대 데모 군중들

를 받고 등장한 70년대 마지막 대통령이었던 카터대통령은 미국의 상처를 치유하기 보다는 상처를 악화시킨 장본인으로 인식되었다.

1979년 이란 왕정을 무너뜨린 이슬람 원리주의자 호메이니의 영향을 받은 젊은 이란인들이 테헤란 주재 미대사관에 쳐들어가 60명의 미국인을 인질로 잡고 미국을 압박하였다. 이 상황은 우여곡절 끝에 1981년 1월에야 종식되었다. 미국 군대가 인질 구출 작전을 수행하던 중 헬기 사고가 나고 결국 작전은 실패로 끝났는데, 이 사건은 미국인의 자부심에 또 한번 큰 상처를 남겼다. 미국인의 뇌리에 아직도 큰 상처로 남아있는 이란 주재 미대사관 인질 사건은 카터 대통령이 1980년 선거에서 패배하게 된 한 원인이 되었다. 카터의 재선 실패는 나약한 외교 정책으로 인한 것이라고 여겨졌다. 그의 선거 패배는 실패로 점철된 이러한 70년대의 종언과 새로운 시대의 도래를 의미한다. 카터는 정적들에 의해 미국을 나약하고 만들고 목표 없이 좌초하게 만든 장본인으로 비난 받았다.

상처뿐인 70년대를 지나 80년대로 들어오면서 미국은 새로운 리더십과 새로운 영웅을 원했다. 영화 <스파이더맨 2>에서 주인공이 영웅으로서의 자신의 정체성에 의문을 가질 때 그에게 던져지는 "미국인은 영웅을 원한다"는 말은 80년대 초에 가장 적절히 적용될만한 말이다. 워싱턴에 등장한 레이건 대통령은 새로운 영웅이 되었고 이어 발표된 영화 <람보>의 주인공은 새로운 문화적 아이콘이 된 것이다. 영웅을 원하는 문화적, 정치적 상황에서 발표된 <람보>는 미국인을 매료시켰다. 람보는 레이건 시대의 문화적 창조물이며 1980년대 미국사회가 만들어낸 국가적 영웅의 정수라 할 수 있다.

베트남전쟁의 상처와 참전용사의 분노

<람보> 시리즈는 표면적으로는 1편 베트남전 참전 베테랑의 분노, 2편 미군포로 구출, 3편 군대 상사의 구출을 다룬 영화이지만 내면을 들여다보면 베트남전쟁의 패배와 이란 인질사건의 악몽에서 상처받은 미국의 자존심을 다룬 영화이다. <람보> 시리즈는 1982년 같은 시기 발표된 클린트 이스트우드 주연의 <파이어폭스 *Firefox*>, 척 노리스(Chuck Norris)의 <전투 중 행방불명 *Missing in Action*>과 함께 베트남전 패배의 극복을 시도하는 영화이다. 이들 영화는 베트남전 베테랑이 등장하여 초인적 활약을 통해 소련과 같은 적을 물리치고 미국의 자존심을 회복하는 내용을 담고 있다. 이들 영화 모두 베트남전쟁을 직접 다루기보다는 전쟁 이후 다른 장소와 다른 상황에서 미국의 패배를 보상하는 내용을 그린다. 거의 불가능하다고 생각되는 임무를 수행하는 엄청난 능력을 보여주는 영웅적인 인물을 그린다.

이와는 달리 비슷한 시기에 발표된 영화 중에서 올리버 스톤(Oliver Stone) 감독의 <플라툰 *Platoon*>, <7월 4일생 *Born on the 4th of July*>, 그리고 프랜시스 코폴라 감독의 <지옥의 묵시록 *Apocalypses Now*>과 같은 반전영화는 미국의 상처를 덮어버리고 봉합하기보다는 베트남전쟁에 대한 비판적인 관점에서 전쟁의 문제점을 부각시키고 영웅보다는 안티영웅을 보여준다. 베트남전 베테랑인 론 코빅(Ron Kovic)의 자서전을 영화화한 <7월 4일생>은 주인공의 참전, 부상, 그리고 반신불수의 삶을 통해 전쟁의 비정함, 정부의 기만, 참전 부상병의 좌절과 투쟁과 고뇌를 다루면서 베트남전쟁의 참상과 문제점을 낱낱이 고발한다.

3편의 <람보> 영화 중 1편은 원제목이 <선제공격 *First Blood*>

이며 이는 모렐(David Morrell)의 1972 동명 소설을 바탕으로 한 영화이다. 원작 소설은 베트남전쟁 말-에 발표되어 주인공 람보의 폭력과 살인 행위를 다룬다. 베트남전쟁이 참전군인들에 대해 어떤 악영향을 주는지를 다룬 반전 주제가 담겨져 있다. 영화 <람보>도 베트남전쟁의 상처를 반추하는 내용을 그리고 있다. 주인공 존 람보는 조용한 성격의 특수부대 출신 베테랑이다. 전쟁 중 공로로 정부로부터 무공훈장을 받은 자이다. 하지만 종전 후에는 직장 없이 떠돌아다니는 신세가 된다. 참전용사의 모습에 곱지 않은 시선을 보내는 사회에 적응하지 못하고 사회에서 경멸의 대상으로 전락한 것이다. 영화의 초반 미국기가 부착된 군인 자켓을 입고 덥수룩하고 더러운 행색과 짐이라고는 침낭 하나만 들고 다니는 초라한 차림새의 그는 전형적인 떠돌이의 모습이다.

람보는 시종 조용히 내면의 분노를 삭이는 차갑고 무표정한 모습을 보여주는데 그의 분노의 이유는 그 자신과 참전 동료들이 정부로부터 버림받았다는 생각 때문이다. 특히 같은 부대원 중의 한 명을 찾아가는 장면이 나오는데 그 친구는 암으로 죽었고 그 원인은 고엽제에 노출되었기 때문이다. 사회와 정부에 대한 그의 냉담한 분노는 나중에 분출되는데, 영화 중간으로 가면서 람보는 긴 머리에 밴드를 하고 사회와 문명보다는 자연에 더 근접하고 자연 친화적인 인물로 나타난다. 이는 영화 전체 주제로 나타나는 관료주의와 현대사회에의 반감과 함께 1960년대 반문화운동의 흔적으로 보여 진다. 람보는 1960-70년대의 개인주의, 히피문화, 그리고 베트남전 패전에 대한 반감이 동시에 투사된 인물이다. 즉 영화 초반 그의 모습은 반사회적인 인물의 그것이다.

따라서 그가 한 조그만 도시에 나타났을 때 도시의 치안을 담당하는 보안관에게는 반갑지 않은 손님이다. 히피족을 연상시키는 주인공을 본 보안관은 말썽을 피울지 모른다며 그를 도시 경계 밖으로 데려다 주면서 돌아오지 말라고 하면서 내려놓는다. 그리고 이발하고 목욕하라고 말한다. 그의 더러운 행색은 결코 호감을 주는 모습은 아니다. 람보는 도시를 떠나라는 보안관의 말을 무시하여 결국 부랑죄(vagrancy)로 체포된다. 경찰은 그를 체포했을 때 강제로 목욕시킨다. 사소한 혐의로 경찰에 체포되어 모욕을 당하는 이러한 장면은 국가 권력이 개인의 자유를 침범하는 것을 보여준다. 동시에 람보가 사회로부터 푸대접을 받고 있다는 것을 상징적으로 보여준다.

이러한 점은 <람보> 2편에서 구체화된다. 정부의 희생자라는 람보의 인식은 2편에서 CIA의 배신으로 람보가 적진에 버려짐으로써 사실로 드러난다. 이러한 정부의 배신에 대한 람보의 분노는 2편 끝부분 람보의 대사에서 잘 나타난다. 전쟁 포로를 구출한 공로로 훈장을 받을 것이라며 말하며, 같이 미국으로 돌아가기를 원하는 트라우트만(Trautman)에게 람보는 미국에 돌아가기를 거부한다. 이어 "우리가 조국을 사랑하는 만큼 조국이 우리를 사랑하기를 원한다"라고 말한다. 그리고 트라우트만을 등 뒤로 한 채 외로이 떠나간다.

이처럼 목숨을 바쳐 사랑한 조국이 자신을 제대로 알아주지 못한 것에 대한 서운함이 람보의 마음 속 깊은 곳에 있으며 그가 경찰관에게 당한 수모는 내부에 쌓였던 분노를 폭발하게 한다. 사회의 추방자가 되고 억압적인 권위의 희생자가 된 베트남 참전용사의 사회에 대한 분노의 표출이다. 이 분노는 전쟁에서의 패배를 수용하기 어려운 미국민의 심정을 상징적으로 보여준 것이라 할 수 있다.

제목에서처럼 "누가 먼저 피를 흘리게 했는가"하는 것은 람보의 분노를 정당화하는 데 중요한 문제가 된다. 람보의 분노에 의해 일어나는 대소란에 대해 관객이 그에게 공감할 수 있는가를 결정하는 중요한 단서가 된다. 특히 경찰이 면도칼을 들이대는 순간 과거 베트남전쟁 포로로 고문당하던 장면이 트로마(trauma)처럼 플래시백으로 겹치면서 그의 분노에 정당성을 부여한다. 강제로 목욕을 시키고 면도를 당해야하는 더러운 몸이 아니라, 전쟁에서 고문 받고 학대받은 몸으로 제시된다. 그를 학대한 경찰과 전쟁 베테랑을 희생양으로 만든 사회가 그의 폭력을 촉발시켰다는 사실이 그의 폭력을 정당한 것으로 합리화한다. 영화의 제목이 된 대사인 "그들이 먼저 피를 흘리게 했어요. 내가 아니요"(They drew first blood, not me)는 이를 반영한다.

원작 소설과 달리 이 영화에서는 람보가 경찰이나 국경수비대를 죽이지 않고 부상만 입히는 것도 람보를 동정적으로 묘사하려는 시도이다. 마지막에 람보가 원작과 달리 자살하는 것이 아니라 트라우트만의 설득을 받아들여 자수하는 것도 람보를 긍정적 인물로 보게 하려는 시도이다. 전쟁베테랑을 동적적인 관점에서 촬영한 것은 관객으로 하여금 실패한 전쟁을 받아들이고 극복의 기회를 제공하려 한 것으로 볼 수 있다. 그리고 전쟁베테랑의 강인한 면을 보여줌으로 또 다른 보상 기제를 만든다. 일단 람보가 분노를 표출하면서부터 특수부대 출신 군인으로서의 면모가 드러나며 주체할 수 없는 분노가 가공할 만한 파괴력으로 나타난다. 그의 힘과 민첩함은 경찰과 군대의 무능, 비효율성과 대비된다.

강한 남성의 복귀

<람보> 1편에서 람보가 분노를 표출하면서 보여주는 강인한 남성성은 당시 관객을 매료시킨 주된 요소이다. 극한 상황에서도 굴하지 않고 생존하는 그는 대자연 속을 휘젓고 다닌다. 그의 이러한 모습은 관객으로 하여금 베트남 정글로 다시 한번 돌아간 것 같은 착각을 불러일으키며, 가상의 정글에서 강한 미국인의 승리를 대리 체험하게 한다. 불가능한 상황에 처한 주인공이 맨몸으로 이를 극복하는 능력과 상대방을 힘으로 제압하는 전투기술은 미국 관객이 바라는 강한 남성의 모습이다. <람보> 1편의 매력은 강한 남성에 대한 향수에 목말라하는 미국 관객에게 강한 남성의 매력을 마음껏 만끽하게 해주는 것이다.

새로운 영웅을 찾고 있던 1980년대 미국사회에서 람보는 강한 백인 남성에 대한 향수를 자극한 인물이라 할 수 있다. 남성학자들은 60-70년대의 베트남전쟁 패배와 민권운동과 여성운동으로 인해 미국적 가치를 대변하는 이성애, 중산층, 백인 남성은 위협을 받고 있었다고 말한다. 이러한 상황에서 "람보매니아"는 백인 남성의 힘을 복원하고 미국적 힘과 애국주의를 재확립하고자하는 욕망을 담고 있다.

60년대 초까지만 해도 백인 이성애 남성은 미국사회의 중심으로서 그 위치가 견고한 것 같았다. 그러나 70년대의 미국사회가 다원화 사회, 다문화 사회로 가는 과정에서 백인 남성 중심의 지배 이데올로기는 해체와 좌절의 이미지로 표현되기 시작했다. 60년대 초까지만 해도 대중매체에서 여성, 흑인, 동성애자 등 사회에서 소외된 소수그룹은 표현되지 않고 "보이지 않는"(invisible) 그룹이었다.

그러나 1960년대 이후 정체성 정치학(identity politics)의 열풍으로 여성과 흑인 등 소수자들이 정체성을 추구하게 된다. 이들의 정체성 정치학은 가시 정치학(visibility politics)이라고도 하는데 이는 재현(representation)의 장에서 이제껏 이성애 백인 남성만을 주로 볼 수 있었다면 이제는 이들 소수집단도 드러나기를 원하다는 의미이다. 백인 남성은 한때 유표되지 않은(unmarked) 규범, 표준으로 존재하였으나 1960년대 이후부터 해체되고 탈신비화된다. 다문화시대에서 백인 남성은 더 이상 다른 소수 정체성의 기준이 아니라 수많은 정체성의 하나일 뿐이다.

백인 남성의 "몰락"은 곧 전통적 미국의 몰락으로 인식된다. 사브란(David Savran)은 1960년대 말 이후 페미니즘, 민권운동, 베트남전 패배, 중산층의 약화, 서비스 산업의 부상 등과 같은 사회적 변화에 의해 백인 남성은 주체나 가해자의 위치가 아닌 객체, "피해자"로 등장한다고 설명한다. 60년대 말에서 70년대는 백인 남성성의 위기의 시대인 것이다. 상처받은 남성성의 대표적 이미지는 대중문화에 자주 오르내리는 고통 받는 남성의 몸, 트로마의 몸이다.

이후 이러한 현상의 결정판은 1993년에 이르러 미국을 떠들썩하게 했던 실존 인물 존 보빗(John Bobbit)의 절단된 성기가 대변하고 있다. 존 보빗은 아내 로레나(Lorena)에게 강압적으로 부부관계를 요구했고 이를 폭력으로 여긴 아내는 분노를 성기절단이라는 방법으로 표시했다. 이 사건은 여성에 의해 거세되는 남성의 의미로 받아들여졌다.

몰락하는 남성성은 말 그대로 "추락"을 의미하는 <폴링 다운 *Falling Down*>(1993)이라는 제목의 영화에서 두 중년 남성의 위기로 잘 나타난다. 국방부에서 근무하다 해고당하고 이혼까지

한 중년 남자의 정신적 붕괴, 그리고 아내의 요구로 인하여 원하는 삶을 살지 못하는 한 경찰관을 통해 남성의 위기를 그린다. 특히 국방부의 남성은 미국적 가치의 수호자라는 아이러니가 담겨져 있다. 이 영화에 관한 『뉴스위크』의 기사(93년 3월29일자) 「백인 남성 파라노이아 : 그들은 새로운 희생자인가--혹은 단지 불쾌한 자들인가?」("White Male Paranoia : Are They the Newest Victims--or Just Bad Sports?")는 백인 남성이 60년대 이후 새로운 다원화 사회의 희생자인지를 묻는다.

남성의 위기의식은 미국사회를 재남성화(remasculinization)하고, 남성성을 회복하자는 욕구를 촉발시키기 시작했다. 시인이자 사회운동가인 로버트 블라이(Robert Bly)가 주도한 남성운동은 좋은 예이다. 블라이는 『아이언 존』(*Iron John*)이라는 책에서 1950년대 이후 여성의 힘의 증대와 이에 따른 아버지 역할의 축소로 미국사회는 위기에 처했다고 주장하였다. 산업화 사회의 아버지는 남성성의 상실과 부재함으로 인해 아들을 남성으로 성장하도록 훈육하는 역할모델(role model)의 기능을 하지 못하며 따라서 남성성 회복은 미국사회에 필요한 과제라 주장하였다.

남성성 복원 요구에 부합하여 80년대 할리우드는 백인 남성 주인공 액션영화를 통해 남성의 힘과 성공적인 모습들을 보여준다. <람보> 시리즈, <슈퍼맨 *Superman*> 시리즈, <다이 하드> 시리즈. <리썰 웨폰 *Lethal Weapon*> 시리즈, <터미네이터 *Terminator*) 시리즈, <로보캅 *Robocop*> 시리즈, <인디아나 존스 *Raiders of the Lost Ark*>, <탑건 *Top Gun*>, <배트맨 *Batman*> 등, 수잔 제퍼즈(Susan Jeffords)가 말한 남성의 "단단한 몸"(hard bodies)을 다룬 영화가 남성화 바람을 이끈다.

여성의 신체를 과도히 노출시켰던 70년대와 비교할 때, 80년대 할리우드 영화의 남성 신체에 대한 찬미는 과히 대변화라 할 수 있다. 이 중에서도 <람보> 영화는 극단적인 남성 영화이다. 1편은 여성 인물이 전혀 등장하지 않는다. 2편은 주인공을 돕는 역할로 잠시 등장하며 3편은 여성 인물이 등장하지 않는다. 세 편 모두에서 주인공은 근육질의 몸매를 과시한다. 람보의 상반신은 벗고 있을 때가 더 많다. 1편에서는 억센 몸을 보여주는 것도 부족한지 샤워하는 나신을 보여준다. 특히 2편에서 베트남으로 들어가기 전의 그의 모습은 압권이다. 카메라 앵글은 복수의 칼을 가는 그의 근육을 클로즈업하여 보여준다.

할리우드의 전통적 젠더 이데올로기는 여성을 시선의 대상으로 만들었다. 할리우드의 영화가 여성의 몸을 관음증의 대상물로 보여주었다면 이 장면은 당시로서는 남성의 몸을 시선의 대상물로 부각되는 보기 드문 장면이다. 1982년 <코난 *Conan the Barbarian*>은 보디빌딩으로 다진 아놀드 슈와제네거의 근육질의 몸을 잘 상품화 했지만 <람보> 2편에서 람보의 혈관이 드러나고, 오일을 바른 근육은 너무나 클로즈업되어 칼을 가는 행위보다는 근육 그 자체를 보여주기 위한 것이 아닌가 하고 착각할 정도이다. 2편의 남성 몸의 시각적 효과는 과도할 정도로 외면적인 묘사에 치우치면서 내면적 갈등이나 감정의 표시는 제한되거나 결여되어 있다는 비판이 있을 정도이다.

<람보> 시리즈의 이러한 경향은 80년대 남성문화의 한 특징이라 할 수 있다. 이 당시 주요 흥행작은 모두 외면적 행위를 중시하는 액션영화이며 남성 주인공은 힘을 과시하고 폭력을 서슴지 않는 인물들이다. 이는 카터 정부 시절의 연약한 미국의 이미지와 여성의 몸을 극복하려는 심리의 표현이라 할 수 있다. 람보를 추격하는 국경수비대와 경찰의 비효율적이고 연약한 몸

은 패배를 통해 약해진 70년대 미국의 모습을 보여준다. 람보는 60년대 훈련받은 군인이며 국경수비대는 70년대 훈련받은 사람들이어서 이 또한 70년대에 대한 비판이 담겨있다.

당시 발표된 <사관과 신사 *An Officer and a Gentleman*>(1982)의 주인공 잭(Jack)이 처음에는 70년대 문화에 익숙한 나약하고 무용지물의 몸을 가지고 등장하지만 해군사관학교의 강인한 몸으로 변화시키는 과정을 보여준다. 이러한 변화 과정은 람보의 강인한 몸과 기타 70년대의 연약한 몸의 대비를 이해하는데 도움이 된다.

강인하고 극단적으로 몰감정적인 남성의 몸은 결국 로보캅과 같은 기계를 낳는다. 이러한 남성성 숭배는 1990년대에 가서 감성적 남성인물들이 등장하면서 변화한다. 로보캅이 80년대 남성문화의 극단적인 예이라면 <바이센테니얼 맨 *Bicentennial Man*>(1999)은 그 반대이다. 로보트가 감성적 남성으로 되고자 하는 욕망을 보여주기 때문이다. 그리고 <쥬니어 *Junior*>(1994)에서 남성의 몸으로 임신을 하는 아놀드 슈와제네거의 몸은 80년대 남성문화의 탈피의 또 다른 예이다.

"레이건 람보"와 강한 미국

1980년대 대중문화에 나타난 강한 남성에의 향수는 정치권에서 반향을 불러일으켰다. 80년대 레이건의 두각은 새로운 시대의 출발로 간주된다. 그는 80년대 미국의 국가 정체성의 상징이 되었다. 레이건이 8년간의 대통령직을 마치고 물러날 때 40년간 가장 지지도가 높은 대통령이었다. 그리고 미국 역사상 링컨대통령에 이어 두 번째 인기있는 대통령이다. 경제를 회복시키고 베트남전쟁과 카터 정부 시절의 이란 대사관 인질사건으로 자존심에 상처를 입은 미국에 자신감을 회복시킨 대통령으로 평가된다. 그것은 "위대한" 국가 재건을 주장하고 국제 정책에서 힘의 외교를 추진한 때문이다. 그가 표방한 강한 미국의 이미지는 카터 시대와 비교된다. 닉슨은 카터 시절의 미국이 힘과 결단력의 최저점이었고 나라는 좌표를 잃고 표류한다고 비난했었다. 닉슨은 카터를 우유부단하고 연약한 여성적 이미지로 묘사함으로써 강철같이 강하고 의연한 남성적 미국의 복원을 지지하였는데 레이건이 여기에 부합하였다.

말보로맨처럼 행동하고 가수 마이클 잭슨(Michael Jackson)을 백악관에 초대하며 더티 해리처럼 말하고 람보처럼 보이고자 한 레이건 대통령을 두고 길 트로이(Gil Troy)는 "람보 레이건"이라는 말을 만든다. 이는 80년대 미국의 군사주의, 신제국주의 현상을 설명하기 위해 사용한 표현이다. 사브란도 기관총에 의존하는 람보의 폭력성을 논의하면서 이를 미국의 신제국주의적 폭력의 표본이라 칭하였다(130). 람보의 기관총과 폭약은 힘을 중시하는 미국적인 해결책이다. 람보는 80년대 레이건 정부의 미국의 군사주의, 남성주의, 미국의 남성화 추세를 대변하는 인물이다.

레이건의 강한 대통령의 이미지는 이미지 메이킹의 도움을 받았다. 그는 마초 대통령으로 부각되길 원했고 그러한 대통령의 정수를 보여준다. 국민이 아버지나 왕과 같은 강력한 지도자를 선호한다는 것을 안 것이다. 제포즈는 마초 대통령의 7가지 자질을 다음과 같이 나열한다.

1. 정치와 삶 속에서 경쟁력이 있을 것
2. 스포츠 정신을 가지고 체력을 가질 것
3. 결단력 있고 우유부단하지 않을 것
4. 감성적이지 않으며 감정을 드러내지 않을 것
5. 강하고 공격적이며 수동적이지 않을 것
6. 힘이 있을 것
7. 진정한 남성이어야 하고 여성적이지 않을 것

국민의 여망에 부응하여 레이건은 마초맨으로 자신을 연출하였다. 여기서 레이건대통령의 배우 경력은 도움이 된다. 그가 언론에 부각시킨 자신의 모습은 미국인의 욕구에 부응하는 이미지이다. 나무를 찍고 말을 길들이고 영원한 적인 소련과 대결하는 등 전통적 카우보이 이미지를 부각시킨 것이다. 적지 않은 나이에도 불구하고 상의를 벗고 야외 활동을 하는 모습을 보이는 것은 강한 미국의 남성을 상징하는 것처럼 보인다. 암살 시도로 죽을 수도 있는 상황에서 의사나 아내에게 농담을 던지는 여유 있는 모습은 국민들을 매료시켰다. 그는 암살 시도에서 생존한 유일한 대통령이라는 명성을 얻었다. 고령의 염려를 불식시킨 그의 몸은 강인한 불사조의 그것으로 거듭난다. 암살범의 총탄에 쓰러진 링컨과 케네디의 몸, 루스벨트의 장애의 몸과 대비되는 레이건의 몸은 질병, 나이, 죽음을 이겨내는 몸이라는 환상을 주기에 충분했다.

이와 대비되는 상황을 그린 영화 <데이브 *Dave*>(1993)를 보자. 이 영화는 나약한 대통령의 몸이 죽음 앞에 무기력할 때 일어나는 상황을 코믹하게 그린다. 영화 속 대통령은 바람을 피우는 부도덕한 인물이자 동시에 정사 중 심장마비로 혼수상태에 빠져 대통령의 직무를 하지 못하고 국가를 위기에 빠트리는 나약한 인물이다. 이 영화는 배우가 대통령을 대신하는 코믹한 상황을 그리지만 대통령의 몸에 대한 인식을 보여준다. 죽음에 나약한 대통령은 카리스마가 없다. 1996년 대통령 선거전에서 공화당 후보 밥 돌(Bob Dole)의 휴가 중 벗은 몸이 언론에 공개되었을 때 전상과 노령으로 연약해진 몸은 상당한 마이너스 요인이 되었다는 주장이 있을 정도였다.

반대로 <에어포스 원 *Air Force One*>은 액션영화 주인공으로 대통령을 설정하여 테러리스트를 물리치는 강인한 대통령의 몸을 이상화한다. 이 영화에서 주인공은 대통령으로 전용기가 테러리스트에 의해 납치당하자 혼자 힘으로 테러리스트를 물리치는 강한 남성이다. 대통령의 남성성에 대한 국민들의 욕구를 이보다 더 잘 형상화한 영화는 없다. 미국인이 원하는 것은 단순히 한 개인 남성의 강한 몸이 아니라 미국의 강한 몸이며 대통령의 몸만큼 이를 잘 표현하는 것이 어디 있을까? 레이건이 중시한 강한 남성의 이미지는 80년대 미국인이 원하는 강한 미국의 모습과 일치한다. 미국인은 강한 대통령의 모습에서 강한 미국의 모습을 찾는다.

<람보> 시리즈는 람보라는 강한 남성을 통해 강한 미국에 대한 욕구를 충족시킨다. 남성성과 미국 정체성이 겹쳐지는 것이다. <람보> 1편은 미국 내에서의 갈등을 다루고 있지만 2편과 3편은 모두 외국을 배경을 하고 있다. 1편에서 두드러진 것은 무엇보다도 <로키> 영화에서 보여준 스탤론의 단단한 근육질의 몸이며 이는 3편까지 계속된다. 그러나 2, 3편에서는 람보의 몸이 외부의 적을 향해 돌진하는 것이 달라진 것이다. 적을 압도하는 강한 몸에서 미국의 강한 모습을 보여주는 시나리오가 완성되는

것이다. 람보는 미국의 적을 단신으로 응징한다.

사실 <람보> 2편이 발표된 80년대 중반이 되면서 람보의 분노는 미국정부와 내부 사회의 문제에 머물기에 불편한 상황이다. 80년에 이어서 84년 역사상 가장 큰 차이로 대통령선거에 승리하면서 재임에 성공한 레이건 대통령은 할리우드로 하여금 관객이 어떤 영화를 보고 싶어 하는지 깨닫게 해준다. 그것은 다름 아닌 레이건이 중시한 개인주의, 자유, 군사주의, 영웅주의, 남성주의의 가치를 담은 이야기이다. 레이건은 공산국가나 이란 등 소위 미국의 적과 싸우는데 주저하지 않는 전사로 비쳐졌고 이러한 이미지는 <람보> 2, 3편에 나타난다.

소위 "레이건 혁명"을 가능케 한 대중적 이미지 속의 레이건의 영웅주의와 강인함, 전통적인 억센 미국주의에 할리우드 액션 영화가 상응한 것이다. 1984년 재임에 성공한 대중적 국가 지도자를 의식한 할리우드는 <람보> 1편에서 미국정부를 분노의 대상으로 설정한 것과 대조적으로 2편에서는 람보의 분노의 대상을 외부로 설정하는 결정을 내린다. 분노의 표적은 공산주의자나 미국의 이익에 위협이 되는 존재이다.

<람보> 2편에서 전쟁 베테랑의 분노의 대상은 베트남과 그 뒤에서 베트남을 돕고 있는 소련이다. 따라서 <람보> 2편은 두 가지 측면에서 미국의 이데올로기적 욕망을 충족시킨다. 하나는 베트남 복귀 시나리오를 통해 패배의 악몽을 씻어내는 것이고 또 하나는 미국의 적인 소련을 혼내주는 것이다. 트라우트만 대령이 1편에서의 벌로 실형을 선고받고 형을 살고 있는 람보를 찾아와 베트남 전쟁포로를 구출하는 임무를 맡길 때 람보는 "이번에는 이길 것입니까"하고 물어본다. 트라우트만의 대답은 람보에 달렸다는 것이다. 람보의 전쟁은 이기기 위한 욕망의 실현

이다. 이어 1편의 부랑자 베테랑이 미국적 영웅으로 변신하는 과정을 보여준다. 전쟁의 실제 승자였던 공산주의 세력인 베트남과 소련군은 악의 화신으로 묘사되고 전쟁포로를 구출하러 단신으로 뛰어든 람보는 정의의 사자가 된다. 그의 승리는 베트남전쟁의 패배에 대한 치욕과 상처를 상징적으로 보상하는 메커니즘이 된다. 현실에서는 실패하지만 영화 속 람보는 베트남군과 소련군을 철저히 유린하며 전쟁포로로 잡혀있는 전우들을 구해낸다.

이 당시 발표된 실베스터 스탤론 주연의 <로키 4>(1985)에서 로키는 소련 권투선수와 시합을 하며 <람보 2>(1985)에서 람보는 공산주의 세력과 싸우는 전사로 부활한다. <로키 4>에서 소련 선수와의 혈전을 벌인 로키가 승리하자 그는 "2천만 명이 서로 죽이는 것보다 낫다"(That's better than 20 million people killing each other)라고 말한다. 그의 승리는 소련과의 전쟁에서 승리한 것으로 비유된 것이다. 냉전의 감수성으로 물들여진 당시 스탤론의 단단한 몸은 미국적 이데올로기의 기표인 것이다.

미국의 적, 서부극 내러티브와 정치

<람보> 2, 3편에서 미국의 적을 설정함에 있어서 영화는 전형적인 서부극 구도를 도입한다. 80년대 대다수의 액션영화가 그러하듯이 서부극 전통의 특징인 선악의 이분법적인 묘사를 따른다. 카우보이의 적은 무법자, 악당이며 이 전통은 2차대전을 거치면서 독일 나찌와 일본군으로 대체되었다. 2차대전 후 미국의 타자로 독일과 일본이 전쟁영화에 단골로 미국의 적으로 등장한다. 이어 전후 냉전시대에는 소련을 비롯한 공산주의 세력이 적이 된다.

베트남전쟁 중 제작되어 베트남전쟁을 지지하는 전쟁영화 <그린 베레>가 서부극의 스타일을 바탕으로 한 것이라는 것은 시사하는 바가 크다. 서부극의 이분법적 구도가 미국인의 감수성에 부합한다는 것을 의미한다. 그것은 조지 부시대통령이 언급한 "악의 축" 개념과 맥을 같이 한다. 람보는 미국적 가치의 화신이 되어 악을 응징하는 국제적인 보안관이 된다.

또 다른 서부극의 요소 중의 하나는 인질 구출의 플롯이다. 할리우드 서부극에서 인질로 잡혀있거나 위기에 처한 시민을 구출하는 기병대, 보안관, 카우보이의 영웅담은 하나의 전통으로 확립되어 있다. <람보> 2, 3편은 이 전통을 이용한다. 2편은 미군 포로 구출작전을 수행하는 내용을 담고 있으며, 3편은 트라우트만 대령을 구출하는 이야기이다. <람보 3>은 아프가니스탄을 배경으로 한다. 소련이 아프가니스탄을 침공하여 저항군을 무자비하게 죽이는 것을 막기 위해 트라우트만 대령이 저항군에 무기를 공급하러 갔다가 소련군에 붙잡히고, 람보는 아프가니스탄으로 가서 그를 구출하고 소련군에 큰 타격을 가한다. 이러한 인질구출의 시나리오는 1980년대 초까지 미국인의 뇌리에 악몽처럼 살아있던 이란주재 대사관 미국인 인질사건을 연상시킨다. 람보의 구출작전은 이 실패를 보상한다.

1980년대에 인질구출 스토리가 미국민에게 얼마나 매력적이었는지는 <람보> 외에도 인기를 모았던 유사 영화를 보면 알 수 있다. 베트남 정글로 다시 돌아가 동료들을 구출하는 내용은 당시 척 노리스의 <전투중 행방불명>과 아랍인 테러리스트를 다룬 <델타 포스 *Delta Force*>에도 나타난다.

이처럼 당시의 대중문화와 정치적 상황은 밀접한 연관을 맺고 있다. 정치가 영화에 영향을 미치고 영화가 정치에 영향을 미쳤다.

당시 로마로 가는 비행기에 타고 있던 미국인 승객이 납치되어 레바논에 억류되는 사건이 있었다. 아랍인 테러범에 의한 TWA기 납치 사건 때 레이건대통령은 "어제 밤 <람보>를 보고나니 다음에 이런 일이 생기면 어떻게 해야 할지 알겠군"이라고 말할 정도로 영화의 내러티브는 정치의 장에 영향을 미친다.

<람보> 영화는 인질구출작전을 촉구하는 여론을 일으켰다. <람보> 개봉 후 미국의 정책은 실제 람보적인 해결책을 추구한다. 외교정책은 군사적, 제국주의적, 반공산주의적 기조를 강화한다. <람보>는 레이건 재임 8년 동안 이란에 대한 무기판매, 니콰라과 사태 등 일련의 외교적 문제에 대한 비난을 잠재우고 관심을 미국의 적에 돌리게 하고 애국심을 고취한 것에 일조한다.

서부극 전통과 남성주의 문화를 담고 있는 <람보>는 기존의 어떤 영화보다 백인 남성, 제국주의적 가치를 잘 나타낸다. 아마 <타잔 *Tarzan*>이 이에 필적할 것이다. 람보는 <람보> 2편에서 베트남 정글에 들어갈 때 현지 여성의 도움을 받는다. 길 안내를 맡은 코우(Co)라는 이 여성은 백인 남성을 위해 목숨을 버리게 된다. 이는 서양에 순종하며 부수적인 역할에 만족하는 동양여성의 전형화이다. 동양과 서양의 관계를 중심과 변방, 상위와 열등, 지배와 피지배의 시각에서 바라보는 에드워드 사이드(Edward Said)의 오리엔탈리즘(orientalism)의 논리가 동양인의 묘사에 담겨져 있다. 이 코우라는 여성은 죽는 순간에 람보에게 미국으로 데려가 달라고 한다. 그녀에게 미국은 정신적 고향이 된다.

<람보 3>에서는 어린 아프가니스탄 소년이 등장하는데 역시 람보와 대비되어 백인 남성에 부수적인 불평등한 관계를 강화하는 효과를 낳는다. 비록 아프가니스탄인의 전쟁이지만 람보는 여기서도 역사의 주인공으로 중심적 위치를 점하며 아프가니스

탄인은 그의 뒤를 따르며 그를 영웅시하며 감사를 표한다.

비평가들은 이와 비슷한 미국 중심적 내러티브를 존 웨인의 <그린 베레>에서 찾는다. 즉 <그린 베레> 끝부분에서 존 웨인은 베트남 고아 소년에게 “이 모든 것이 너를 위해서야”(You're what this is all about)라고 말한다. 미군이 베트남에서 피를 흘리는 것은 이 소년과 같은 베트남인을 구하기 위해서라는 취지의 말이다. 미국의 이타주의 담론은 이 영화에서 전쟁을 합리화 하는 기제로 사용된다. 람보는 친구 트라우트만을 구하러 간 것이지만 트라우트만은 아프가니스탄을 위해 갔고 결국 람보는 아프가니스탄을 위해 싸우는 것이다. 미국이 역사의 중심자이기 때문에 원래 의도와 상관없이 람보는 이미 역사의 주인공이다. <람보> 2, 3편에서 동양인은 람보의 백인 남성의 주체성을 위한 장식물이며 람보는 자유 수호라는 미국적 담론을 수행하는 주인공이 된다.

참고문헌

Jeffords, Susan. Hard Bodies : *Hollywood Masculinity in the Reagan Era*. New Brunswick : Rutgers UP, 1994.

Robert, Bly. *Iron John : A Book About Men,* New York : Vintage, 1992.

Ryan, Michael, and Douglas Kellner. *Camera Politica : The Politics and Ideology of Contemporary Hollywood Film*. Bloomington : Indiana UP, 1988.

Savran, David. “The Sadomasochist in the Closet : White Masculinity and the Culture of Victimization.” *Difference* 8.2 (1996) : 127-52.

Troy, Gil. “How Conservative Leaders and Personalities Shaped America's Culture.” http://www.cerium.ca/IMG/pdf/Troy.pdf. Retrieved. 22 May, 2007.

Wood, Robin. *Hollywood from Vietnam to Reagan... and Beyond.* New York : Columbia UP, 2003.

Zoglin, Richard. "An Outbreak of Rambomania." *Time* June 24, 1985.

할리우드, 페미니즘, 여성

〈델마와 루이스〉

델마와 루이스

<델마와 루이스 *Thelma and Louise*>(1991)는 미국사회가 중시하는 가치의 하나인 자유의 주제를 여성인물을 통해 그린 영화이다. 특히 여성의 문제를 심도 있게 다루고 있다는 점에서 기념비적인 영화이며, 2000년 영국영화협회(British Film Institute)가 현대 클래식으로 선정한 작품 중 하나이다. 이 영화는 미국뿐 아니라 영국, 프랑스 등 유럽에서도 흥행에 성공을 거두었다. 이 영화의 상업적 성공은 동시에 비평적 관심을 동반하였고 수많은 기사와 평이 쏟아졌다. 이들 평의 초점은 이 영화가 가지는 페미니즘 영화로서의 위상이다. 단지 남성 장르에 여성 주인공을 대입시켰을 뿐이라는 비판에서부터 여성 주인공들에게 자유와 권력을 부여하였다는 긍정적 평가에 이르기까지 이 영화에 대한 다양한 비평적 논란은 대중적 관심만큼이나 지대하였다.

이 영화는 절친한 친구인 평범한 가정주부 델마(Thelma)와 식당 웨이트리스인 루이스(Louise)가 이틀간 휴가를 떠나면서 발생하는 비극적 사건을 다룬다. 일상의 굴레를 벗어나 즐거운 여행을 즐기려던 두 사람의 계획은 일련의 남자들과의 만남으로 인해 예기치 못한 시련과 모험의 여정이 된다.

여행 중 들른 술집에서 즐겁게 술을 마시다 거기서 만난 남자와 춤을 추던 델마는 그 남자로부터 주차장에서 섹스를 강요당하게 된다. 루이스가 이를 제지하려다가 남자의 모욕적인 언사에 분노하여 그를 총으로 쏴 죽인다. 도망치던 두 주인공은 멕시코로 도망칠 계획을 세우고 필요한 돈을 루이스의 남자친구인 지미

(Jimmy)로부터 전달받는다. 그러나 이 돈을 길에서 만난 J.D.라는 떠돌이 남성에게 모두 도둑맞는다. 자신의 실수로 돈을 도둑맞은 델마는 편의점을 털어 돈을 마련한다. 두 주인공은 도망 중에 만난 트럭운전수의 성적 모욕을 견디다 못해 그의 트럭을 총으로 쏴 폭파시킨다. 위치가 노출되어 경찰에게 추격을 당하던 두 여성은 결국 그랜드 캐년의 낭떠러지로 내달린다.

이 영화는 할리우드 남성 영화의 대표적 장르인 로드무비(road movie)와 버디(buddy)영화의 전통을 따르고 있지만 여성을 주인공으로 하여 페미니즘 주제를 다루고 있다는 것이 가장 큰 특징이다. 이 영화에 대해서 남녀문제를 다룬 것이 아니라 로드무비 특유의 자유의 주제를 다룬 것이라는 견해와 이와 반대로 여성문제를 다룬 영화라는 견해가 있다.

이 영화는 여성의 문제를 다룬 로드무비이다. 로드무비는 주로 넓은 대자연을 배경으로 차를 타고 다니면서 주인공이 자유와 정체성을 추구하는 과정을 담는다. 이 장르는 남성적인 영화로 인식되며 서부극과도 유사성이 많다. 버디영화는 고독한 주인공 대신 두 남자 주인공을 다루는 영화로 60-70년대에 유행하였다. 로버트 레드포드(Robert Redford)와 폴 뉴먼(Paul Newman)이 주연한 <내일을 향해 쏴라>가 대표적인 영화이다. <델마와 루이스>에서 마지막 절벽 장면을 정지 화면으로 처리한 것도 <내일을 향해 쏴라>의 마지막 장면과 유사하다. 그리고 J.D.라는 전과자가 히치하이킹을 하며 떠돌아다니면서 사회 법질서를 벗어난 무법자로 행동하는 것과 이를 모방한 여성 주인공을 다루는 것도 이런 로드무비의 전통을 일부분 채택한 것이다.

대표적인 할리우드의 페미니즘 영화 중 하나로 평가받는 <델마와 루이스>가 로드무비와 버디영화와 같은 남성 장르를

여주인공 델마와 루이스

채택한 것은 어떻게 봐야할까? 비록 여성의 경험을 다루고 있지만 남성 장르의 그릇에 담았다는 점 때문에 진정한 여성영화가 아니라는 평가도 있다. 그러나 문학에서 그런 것처럼 페미니즘이 여성 특유의 담론을 개발하기 까지는 남성의 담론을 차용하여 여성의 문제를 표현 할 수밖에 없다는 현실적 문제를 인정할 필요도 있다.

이 영화의 특징은 비교적 밝은 분위기에도 불구하고 다루는 내용은 여성에 대한 폭력의 심각성을 다룬다는 점이다. J.D를 "무법자"라 부르며 경탄해 하던 델마가 그로 인해 무법자가 된다. 방랑의 주인공인 두 여성은 남성의 희생자이다.

<델마와 루이스>의 마지막 장면

할리우드 영화의 여성의 재현

<델마와 루이스>에 묘사된 여성 문제의 문화적 의미를 알기 위하여 할리우드 여성의 역사를 잠시 살펴보자. 델마와 루이스 두 여성은 1990년대 새로운 여성상이라는 점에 관심이 모아졌다. 이들은 90년대에 등장한 "강한" 여성들이며 이 전통은 1930년대 영화로 거슬러 올라간다. 30년대 할리우드에는 이미 다수의 강한 여성이 있었다. 메이 웨스트(Mae West), 마를린느 디트리히(Marlene Dietrich), 캐서린 햅번(Katharine Hepburn), 그레타 가보(Greta Garbo), 조안 크로포드(Joan Crawford)가 그들이다. 웨스트는 남자에게 말대꾸하며 자신의 목소리를 내어 의견을 말하기를 마다하지 않는 독립적 여성으로 유명하다. 웨스트의 도발적 말과 행동은 1934년에 성경의 십계명에 근거한 영화제작규범을 만드는 계기가 되었을 정도이다. 이 규범에 의해 혼전섹스 금지, 결혼의 중요성과 같은 가정가치관에 근거한 전통적인 가치가 스크린에 강요되었고 1968년 현재의 등급제도가 도입될 때까지 지속되었다.

검열제도 도입과 함께 조용하고 착한 여자가 영화에 등장했고, 그 중 셜리 템플(Shirley Temple)이 가장 대표적이다. 1940년대 2차대전 기간 중에는 연약한 여성과 함께 남자를 대신에 일하는 강한 여성이 다시 등장하였다. 그러나 1950년대는 보수적인 냉전시대에 걸맞게 전쟁영화와 서부극이 지배적인 장르가 되었다. 이러한 장르에는 여성은 거의 등장하지 않았고 강한 여성은 설자리를 잃었다. 이 당시 남성 주인공은 강한 남성상의 전형으로 나찌와 인디안 원주민과 싸워 이기는 모습을 보인다. 이 당시의 미국 여성의 모습을 프리단(Betty Friedan)이 『여성의 신비』(*The Feminine Mystique*, 1963)에서 "여성의 신비"라는 말로 설

명한다. 교육받지 못하고 수동적이며 가정에 갇혀있으며 성적 대상물화 된 연약한 이미지로 영화와 TV가 가공해 낸다는 것이다.

강한 남성이 지배하던 할리우드는 1960-70년대 여성운동과 민권운동의 영향으로 변화가 나타났다. 1970년대 미국은 페미니즘의 전성시대라 할 수 있다. 이 당시는 2세대 페미니즘의 시대였고 주된 관심사는 노동에 있어서의 성차별, 가정폭력, 불공평한 이혼법 등 물질적인 억압의 문제였다. 무성영화 시절 여성 참정권 운동의 영향으로 여성 문제를 다룬 무성영화가 있었던 것처럼 1970년대는 여성이 겪는 결혼 문제와 같이 여성의 문제를 다루는 여성영화가 유행하였다. 성적으로 자유분방하고 남성으로부터 독립된 여성이 등장하기 시작하며 특히 독립적 여성들이 독립을 확보하는데 겪는 문제점들을 상세히 묘사하는 영화들이 등장했다.

이러한 여성영화는 보수적 이데올로기가 지배하던 1980년대 "반발"(backlash)의 시대를 맞아 쇠퇴한다. 1980년대는 1950년대의 상황을 재연한다. 80년대는 70년대의 여성운동에 대한 반발이 강한 시기였다. 앞 장에서 살펴보았듯이 1980년대는 무엇보다도 여성을 완전히 상상의 영역에서 배제시키고 남성들만의 세계를 보여주는 영화가 지배했다. 남성의 육체미가 은막을 지배하고 여성의 경험과 여성의 섹슈엘리티는 그 그늘에 가려진다. <다이하드>, <로보캅>, <리쎌 웨폰>, <인디아나 존스> 등 80년대판 카우보이들이 등장하는 액션영화는 강한 남성과 육체를 숭앙하는 남성 시대를 구가하였다.

일부 비평가들은 1980년대를 포스트페미니즘(postfeminism)의 시대라고 부른다. 70년대의 2세대 페미니즘이 구조적인 여성억압에 대한 투쟁을 중시한 성 정치학(sexual politics)을 추구한 반면, 80년대에 들어와서는 페미니즘의 방향이 2세대 페미니즘의 목표들을 담으면서도 동시에 이를 수정하고 탈정치화 하였기 때문이다. 여성해방운동의 결과 여성들은 일과 교육을 추구할 수 있게 되었다. 1980년대의 여성을 대상으로 한 조사에 의하면 가정과 직장간의 균형을 이루도록 하는 것이 페미니즘의 역할이라는 인식이 확산되었다. 그리고 여전히 이성애적 가정, 결혼, 모성을 낭만적 이상으로 보며 중시하였다.

따라서 1980년대 영화 속에는 경제적으로 독립적이고 자기주장이 강한 여성의 목소리가 약화된다. 예를 들어 1986년 작 <나인 하프 위크 *$9\frac{1}{2}$ Weeks*>의 여자 주인공 엘리자베스(Elizabeth)는 커리어 우먼이지만 욕망의 주체로서 자신의 욕망을 능동적으로 표출하기보다는 남성의 성적 욕망의 대상물로 전락한다. 남자 주인공 존(John)은 엘리자베스의 눈을 가릴 뿐만 아니라 "말하지 마"라고 명령하는데 이는 당시 남녀관계를 집약해 보여주는 대사이다. 때로는 강압에 의해, 때로는 선택에 의해 여성의 목소리를 죽이는 플롯은 여성운동에 대한 반발이 있었던 당시 시대적 흐름을 반영한다.

여성 인물의 강한 의지가 긍정적으로 다뤄지는 경우는 주로 가정을 지키는 강한 모성애가 발휘되는 때이다. 1970년대의 가정을 떠난 여성들은 다시 가정으로 돌아온다. <크래머 대 크래머 *Kramer vs. Kramer*>(1979)가 가정을 버리는 여성을 다룬 반면 <베이비 붐 *Baby Boom*>(1987)은 커리어 우먼이 한 어린아이를 맡아 키우면서 지금까지 이뤄온 커리어와 직장을 모두 버리고 시골로 가서 엄마의 역할로 돌아오는 내용을 다룬다. <일하는 여성 *Working Girl*>은 사람들의 신망과 사랑마저 잃게 되는 커리어 우먼과 대조적으로 남자에 의존하며 여성성을 발산하는 여성이 직장에서 인정받는 로맨틱 코메디의 내러티브를 통해 악녀와 천사의 이분화 된 여성상을 보여준다. 영화는 두 여성을 서로 경쟁하여 악한 상대를 무너뜨리는 구도 속에 배치시킨다.

1980년대 TV드라마를 분석한 연구에 따르면 80년대는 미혼 여성대신 가정을 가진 직장여성을 주인공으로 하는 드라마가 유행한다. 80년대 여성 인물은 70년대보다 독립적이고 사회적으로도 성공하지만 보다 큰 대가를 치르고 고통을 받는다(Dow 98). 여전히 강한 여성이 등장하지만 남성 가족이 같이 등장하거나 가부장의 권위에 도전하는 양상이 많이 줄어든다. 사랑, 결혼, 자녀와 같은 전통적 제의를 중시하고 남녀관계가 드라마의 핵심이 된다. <누가 보스인가? *Who's the Boss*>는 성공한 커리어 우먼이 가사 문제는 가정부 남자에게 맡겨 의존해야 하는 상황을 그린 로맨틱 코메디이며 결국 페미니즘에 대한 패러디라 할 수 있다.

또한 1980년대는 선악으로 이분화 된 여성의 이미지 중 악녀의 이미지가 부각된 때이다. 여성을 착한 여자와 악한 여자로 이분화 하고, 악녀를 극단적으로 묘사하는 경향이 있었다. 가정을 버리고 일을 중시하는 여성의 문제점을 제기하는 영화가 등장하고, 그 극단적인 예는 <세 남자와 아기 *Three Men and a Baby*> 처럼 여성이 자신의 아기를 남자들이 사는 집 앞에 버리는 경우이다. 이는 TV드라마 <풀 하우스 *Full House*>에 연장된다. 한 남성 가장이 아내와 사별 후 두 남성 친구의 도움을 받아 세 딸을 양육하는 이야기를 다룬 시트콤이다. 남자들이 협력하여 아이를 양육하는 상황은 여성의 부재를 당연시하는 현실을 반영한다.

1990년대에 들어서면서 발표된 <귀여운 여인 *Pretty Woman*>(1990)은 길거리의 여성을 착한 여성으로 만들어 가정으로 들여

오는 이야기를 다룬다. 여기서도 여성을 이분법으로 나누는 방식을 그대로 사용한다. 따라서 여성을 길들이고 지배하여 남성이 원하는 여성으로 만들어 소유하려는 전형적인 남성의 욕망을 보여준다. 말 그대로 길거리의 여성, 집과는 거리가 먼 여성을 가정의 여성으로 만드는 과정을 다룬다. 이는 온순한 여성에 대한 욕구와 성적 대상물로서의 여성에 대한 남성의 욕망과 관음증을 동시에 충족시키는 플롯을 보여주는 전형적 재현 방식이다. 이는 또한 여성의 최종 목표가 훌륭한 남편을 만나 가정을 이루는 것이라는 신데렐라 이야기를 중첩시킴으로써 가정가치관을 부각시키는 것이다.

팜므 파탈과 여성의 이분화

여성의 이분화가 낳은 대표적인 이미지는 위험한 여성 혹은 요부로 번역되는 팜므 파탈(femme fatale)이다. 1980년대의 강한 여성을 싫어하는 정서를 가장 잘 보여주는 영화 <위험한 정사 *Fatal Attraction*>는 할리우드판 팜므 파탈의 결정판이다. 팜므 파탈의 영어 번역인 치명적 여성(fatal woman)이라는 의미를 따라 이 영화의 제목도 "치명적 매력"(fatal attraction)이라 붙여졌다. 남성이 아내 아닌 외간 여성에게 느끼는 매력이 초래하는 치명적 결과를 의미한다.

<위험한 정사>에서 커리어 우먼 알렉스(Alex)는 남자 주인공 댄(Dan)과의 하룻밤의 관계를 지속시키기를 원하지만, 댄이 거부하자 그 가정을 파괴시키려는 위험한 유혹녀로 등장한다. 이러한 여성과의 관계가 치명적인 위험이 된다는 스토리 구성은 지극히 남성중심적이다. 이 영화의 클라이막스 장면은 댄의 집에

서 벌어지는 댄의 아내와 '치명적인 여성' 사이의 사투를 보여준다. 가정주부의 가정 수호 의지와 맞물려 이 싸움은 유혹녀의 죽음으로 끝난다. 이는 대다수 관객이 원하는 결말이다.

이 영화는 남성의 외도에 대한 문제 제기 즉 불륜 행각이 가정에 미치는 여파와 위험, 그 책임을 다룬 영화이지만 이보다는 여성의 유혹과 이에 따르는 유혹녀의 처벌에 관객의 관심이 맞춰져 있다. 남자 주인공의 외도는 한번의 악몽을 꾼 것으로 치부되어 아무 탈 없이 벗어나지만, 독신 여성은 가정 파괴의 시도에 대해 죽음의 처벌을 받는다. 당시 미디어의 반응은 이 영화가 새로이 유행하는 현상임을 지적했고 여자 주인공은 미국의 가장 혐오스런 인물로 인식되기까지 했다. 가정의 중요성이 다시 부각되고 직업을 가진 독립적이고 욕망을 가진 여성보다 가정에 헌신적이고 온순한 여성이 중시되었다.

영화 <위험한 정사>의 성공은 남성의 왜곡된 욕망 추구의 위험성을 악녀에 투사하는 방식이 유용하다는 것을 증명하였다. 이어 많은 유사 영화가 등장했고 '위험한 여성'은 주된 캐릭터가 된다. 1992년의 <원초적 본능 *Basic Instinct*>의 성공은 이러한 욕망의 구조를 가장 센세이셔날하게 표현한다. 샤론 스톤(Sharon Stone)의 섹슈엘리티는 너무나 치명적이서 거부할 수 없는 힘으로 다가온다. 남자 주인공은 죽음의 위험이 상존하는 '치명적 여성'과의 관계를 원하는 남성들의 "원초적인 본능"을 보여준다. 같은 시기의 <포이즌 아이비 *Poison Ivy*>(1992), <크러쉬 *Crush*>(1993), <폭로 *Disclosure*>(1994) 등 일련의 영화는 팜므 파탈에 대한 관심을 잘 보여준다.

남성과 "강한 여성"의 갈등 문제는 가정 안에서 일어날 때 <장미의 전쟁 *The War of the Roses*>(1989)처럼 화해할 수 없는 부부간의 "전쟁"으로 발전하기도 한다. <적과의 동침 *Sleeping with the Enemy*>(1991)처럼 억압적인 가정을 벗어나려는 여성의 문제는 지배적이고 폭력적인 "적"과 같은 남편의 손에서 벗어나려는 여성의 문제를 제시하기도 한다.

이와 동시에 1990년대에 들어서면서 <터미네이터 2>의 사라 코노(Sarah Connor), <양들의 침묵 *Silence of the Lambs*>의 클라리스 스탈링(Clarice Starling), 그리고 <델마와 루이스>의 두 주인공 등 여성 주인공이 능동적이면서 액션에 적극적으로 참여하는 영화가 등장하기 시작하였다. <델마와 루이스>가 발표될 당시 할리우드는 데미 무어(Demi Moore) 주연의 <사랑과 영혼 *Ghost*>, <귀여운 여인> 등 전통적 여성을 그린 영화로 흥행에 재미를 보고 있었다. <델마와 루이스>와 같이 1991년 발표된 <적과의 동침>이 여자 주인공 로라 버니(Laura Burney)를 통해 억압적인 남편의 손에서 탈출하는 탈신데렐라, 탈가부장 이야기를 다루는 것처럼 델마와 루이스는 분명 전통적인 여성의 모습을 탈피한 새로운 여성 인물로 해석될 수 있다.

강한 여성에 대한 사회의 거부감은 1990년대 조지 부시 정부 당시 부통령인 퀘일의 말에서 잘 드러난다. 퀘일은 1992년 LA폭동을 언급하면서 이는 가정의 붕괴와 관계가 있다고 말하였다. 사회의 질서를 유지하는데 가정이 근간이 되며 할리우드, TV, 언론이 가정의 가치를 조롱한다고 비난하면서 당시 인기 TV 프로그램인 <머피 브라운>을 예로 들며 머피 브라운처럼 결혼하지 않고 싱글 맘으로 아이를 키우며 자신의 삶의 선택을 중시하는 여성에 대한 주류 사회의 우려를 피력하였다.

1990년대 성의 전쟁

1990년대의 O.J. 심슨(Simpson) 재판, 토마스—힐 청문회, 데이비드 메밋(David Mamet)의 연극 『올리아나』(*Oleanna*), <델마와 루이스>에 나타난 공통점은 성희롱, 성폭력, 여성에의 폭력이다. 1991년은 <위험한 정사>, <장미의 전쟁>과 같은 영화에 그려진 성의 전쟁(battle of the sexes)의 이미지가 토마스-힐 청문회로 인하여 현실의 문제로 미국인의 관심을 집중시킨 해이다. 영화 <델마와 루이스>가 개봉되었을 때 과연 이 영화가 미국의 실제 사회의 모습과 실제 여성을 그리고 있는지 아니면 가상의 스토리를 그리고 있는지 논란이 있었다. 당시 『타임』지 기사는 이 영화가 사실의 재현이 아닌 "동화"라고 주장한다(Gender-Bender 3). 그러나 위에 언급한 여러 사건들은 남녀간의 문제가 중요한 사회적 이슈임을 보여준다.

이 중 토마스-힐 사건은 시사하는 바가 많다. 토마스(Clarence Thomas)는 미 역사상 연방대법원 판사로 지명된 두 번째 흑인으로 관심을 끌었다. 퇴임하는 미국 최초 흑인 연방대법원 판사인 서굿 마샬(Thurgood Marshall)의 후임으로 조지 부시대통령은 인종적 고려를 하여 토마스를 발탁한다. 그는 인준 청문회 과정에서 과거 교육부와 균등고용기회위원회(Equal Employment Opportunity Commission) 재직 시 부하 직원이었던 힐(Anita Hill)을 성적으로 희롱하였다는 혐의를 받았고 이 사건은 미국을 떠들썩하게 하였다. 이 혐의는 증거 불충분으로 대법원 판사 인준에 영향을 주지는 않았지만 그의 도덕성에 상처를 주었다. 토마스 판사는 이 혐의 뒤에는 성공한 흑인에 대한 음모가 있음을 언급하였다. 그러나 힐과 토마스 모두 흑인이었기에 국민들은 이 사건을 흑백의 문제가 아닌 남녀문제로 인식하게 된다. 직장 상사가 부하 여직원을 성적으로 모멸감을 주는 언행을 하는 것이 문제가 됨을 강하게 부각시킨 계기가 되었다.

1992년 데이빗 메밋은 『올리아나』에서 대학교수와 여학생 간의 갈등 문제를 성폭력 문제로 극화하였다. 메밋은 이 극을 직접 감독하여 영화화하였다. 할리우드의 관습상 대부분의 주요 사회문제를 다루는 영화는 대체적으로 이 문제가 결론이 난 뒤에 이 결론에 맞춰 영화화되는 경향이 많다. 그래야만 "정치적으로 적절한"(politically correct) 방향의 이야기 설정이 가능하기 때문이다. 이 당시 화두였던 "정치적 적절성"(political correctness)은 성, 인종, 계급 등 다양한 사회 구성원 간에 민감한 문제가 존재한다는 의미이다. 그러나 남녀문제는 너무나 민감한 문제여서 메밋의 용기가 대단하다는 평을 들었지만, 그의 영화는 흥행에 성공하지 못했다.

메밋의 영화/연극은 토마스-힐 사건이 보여주는 남녀간 성적 갈등이 당시 얼마나 중요한 이슈인지 잘 보여준다. 조디 포스터(Jodie Foster)가 주연한 1988년의 <피고인 *The Accused*>은 술집에서 술 취한 남성들이 여성을 집단 성폭행하여 유죄 판결을 받는 사건을 다룬다. 보다 직접적으로 남녀문제를 성폭력에 비교해 다뤘는데 이러한 폭력적·억압적 남녀관계는 90년대 중요한 이슈가 되었고 영화에서 국회에서 치열한 공방과 논의의 대상이었다.

<델마와 루이스>에 나타난 남녀관계

<델마와 루이스>는 1990년대 초 미국인의 관심사인 남녀간의 성의 갈등 문제를 저변에 두고 있다. 시나리오를 쓴 콜리 쿠리(Callie Khouri)도 이 영화가 할리우드 영화에서 보기 드문 소재를 다룬다고 언급한다. 그 소재란 성차별, 남녀관계, 여성간의 우정, 성폭력 같은 폭력의 위협이다(Sawyers1).

영화의 스토리는 두 여성을 다루지만 남녀관계가 이 영화의 모태가 된다. 영화 시작 부분에 두 여성이 주말여행을 계획하는 과정에서 델마와 남편과의 관계를 잘 보여준다. 여행 허락을 받아내야 하는 상황에서 쩔쩔매는 아내 델마와 아내를 아이 다루듯 하는 남편 대릴(Darryl)의 모습을 통해 남녀간의 힘의 불균형과 억압을 보여준다. 루이스와 남자친구 지미의 관계도 그리 순탄하지 않다. 그는 음악가로서 항상 돌아다니며 루이스와의 관계를 결혼할 만큼 심각히 생각하지 않다가 막상 루이스가 떠난다고 하자 화를 내며 결혼하자고 한다. 루이스의 마음은 고려하지 않는 것이다. 마찬가지로 도망 중인 델마가 긴박한 상황에서 남편에게 전화했을 때 그녀의 남편은 축구경기에 더 관심이 있으며 아내의 말은 전혀 들으려 하지 않는다.

이러한 남녀간의 문제는 영화 속에서 만나는 세 명의 남자와의 관계에서도 그대로 나타난다. 첫 번째 남자는 술집에서 만난 할런(Harlan)이라는 남자이며 그는 델마를 성폭행하려 한다. 이어 J.D.는 델마에게 의도적으로 접근하여 돈을 훔쳐간다. 마지막으로 도로상에서 마주친 트럭 운전사는 여성비하적인 언행을 즐긴다.

<피고인>에서 제시된 문제는 <델마와 루이스>에서도 등장한다. 당시 미국에서 이슈가 된 데이트 강간(date rape)은 여성의

성적 주체성과 남성의 성적 욕구 간의 충돌을 가장 극단적인 방법으로 보여준다. 바에서 델마는 할런의 접근을 즐겁게 받아주며 술에 취하여 춤도 추는 등 모처럼의 일탈을 즐긴다. 델마가 원한 것은 잠시 술을 마시며 유쾌한 시간을 보내려는 것인 반면 이 남자는 오로지 성적 충족만을 추구하게 되고 마침내 폭력에 이른다.

성폭력은 루이스의 삶에도 검은 그림자를 드리우고 있다. 할런의 성적 언어에 대한 루이스의 극단적인 반응은 이 영화의 수수께끼이며, 이 영화는 왜 루이스가 이런 행동을 하는지에 대한 답을 관객이 스스로 찾게 만든다. 루이스가 경찰에 쫓기면서 멕시코로 도망가고자 할 때 그 실마리가 있다. 그녀는 오클라호마에서 멕시코로 가는 길에서 구태여 텍사스를 피해 가고자 한다. 텍사스는 멕시코로 가려면 피해 갈 수 없는 곳이다. 텍사스는 그녀에게 트로마의 장소이다. 델마가 나중에 텍사스에서 강간을 당했느냐고 묻자 루이스는 다시는 그 이야기를 하고 싶지 않다고 말한다. 형사는 전화통화 중 루이스가 텍사스에서 무슨 일을 겪었는지 안다고 말한다. 결국 두 여성은 공통적으로 폭력의 피해자이다.

두 여성에게 동정적인 형사와는 대조적으로 다른 남성들은 모두 두 여성에게 불행의 원인이 되며 여성에게 적대적인 냉엄한 사회현실을 대변한다. 두 여성이 경찰로부터 도망치면서 과연 이 사회로 이 여성들이 돌아가면 어떤 결과가 나타날 것인가 하는 문제가 관객의 관심을 자아낸다. 그리고 그 대답은 루이스의 입을 통해 나온다. 델마는 경찰에 알려 할런의 강간 시도와 이에 대한 정당방위에 대한 것을 이야기 하자고 하지만 루이스는 현실에 대한 부정적 인식을 보여준다. 즉 이전에 그들이 술집에서

빰을 맞대고 춤을 추던 모습을 많은 사람이 목격하였는데 누가 이를 강간이라 믿겠느냐는 것이다. 이 세상은 그리 우호적이지 않다는 것이다. 따라서 이 영화의 여성 주인공의 행위는 이러한 사회에 대한 분노의 표출이라 할 수 있다.

<델마와 루이스>에 나타난 자유의 여정

이 영화에 등장하는 그랜드 캐년의 수려한 장면은 억압적인 사회와 대비된다. 광활한 대자연과 억압적인 사회라는 두 공간을 넘나드는 여성의 모습을 반복적으로 보여준다. 이 영화가 보여주는 탈출의 모티브는 두 가지 측면에서 볼 수 있다. 첫째, 절대적 자유 추구, 둘째는 여성의 가부장 사회로부터의 탈출이다.

광활한 풍경은 이 두 여성을 숨겨주기에 충분한 듯하다. 그러나 뜻하지 않게 만나는 남자들로 인해 두 여성은 점점 더 사회에서 멀어지게 되고, 마지막 종착지는 미지의 계곡, 죽음의 심연이다. 처음 집에서 출발할 때 주말여행으로 계획했던 여정은 의도하지 않게 돌이킬 수 없는 사회로부터의 탈출이 된다. 집이라는 출발점과 종착지인 계곡은 대조적이다.

두 여성의 여행은 탈출이자 자유에의 추구이다. 처음 시작할 때는 단순히 일상에서의 탈출이었지만 일련의 사건과 더불어 사회와 법질서로부터의 탈출로 바뀐다. 그것이 이 영화의 아이러니이다. 남성이 지배하는 사회에서 여성은 벗어나려고 발버둥 칠수록 점점 더 깊은 심연으로 빠져든다.

<델마와 루이스>는 사회와 대자연, 사회 구조와 개인의 자유의 이분법을 극화한다. 사회, 문명, 가부장, 가정의 반대편에 대자연, 자유, 여성, 개인이 있다. 여기서 자유는 앞에서 언급한

것처럼 마크 트웨인의 소설 『허클베리 핀의 모험』에서 허클베리 핀이 짐과 함께 사회로부터 도망치면서 추구한 절대적 자유 같은 것이다. 이러한 자유 추구는 허먼 멜빌(Herman Melville)의 소설 『모비 딕』(*Moby Dick*)에서 이쉬마엘(Ishmael)이 바다로 항해하는 것, 극작가 샘 셰퍼드(Sam Shepard)의 극 『진짜 서부』(*True West*)에서 주인공들이 사막으로 나가는 것과 같이 모두가 사회와 문명을 떠나 대자연 속으로 들어가는 데서 나타난다. 이들 작품은 모두가 미국인들이 가지는 대자연에의 동경이 숨어있다.

이들에게 대자연은 자유의 상징이다. 대중 장르에서 대자연은 현대인의 절대적 자유에의 갈망을 상징하는 중요한 기제로 사용되어 왔다. 예를 들어 영화 <브로크백 마운틴>의 두 주인공은 사회에 드러낼 수 없는 동성애의 감정을 실현하기 위해 대자연 속에서 만난다. 두 주인공 남자에게 브로크백 마운틴은 사회의 이성애적 이데올로기나 관습이 영향을 미치지 못하는 자유의 공간이며 욕망 실현의 장소이다. <델마와 루이스>가 유난히 자연의 광활한 아름다움을 강조해 보여주는 것은 이 때문이다. 데니스 호퍼 감독이 <이지 라이더>에서 서부의 광활한 공간을 카메라에 담은 이유도 이 때문이다.

<이지 라이더>의 두 주인공이 할리 데이비슨을 타고 달리며, <브로크백 마운틴>의 두 남성이 트럭과 말을 몰았다면, 델마와 루이스는 66년형 포드 썬더버드(Thunderbird) 컨버터블을 타고 질주한다. 자연을 달리는 델마와 루이스의 모습은 자유에의 열망 바로 그 자체이다. 샤론 윌리스(Sharon Willis)는 이러한 주인공의 모습에 페미니즘적 의미를 부여한다. 즉 자동차를 모는 여성이야 말로 지금까지의 남성의 차안에 타고 장식품으로 고정되어 있던 수동적인 존재로서가 아니라 "여행, 스피드, 힘과 공격

성"을 지닌 능동적 주체로 등장한다고 말한다(108). 이러한 특징들은 남성 주인공이 등장하는 서부극, 로드무비, 액션영화에서 주로 보는 것이다.

따라서 영화 <델마와 루이스>는 여성 젠더로부터의 일탈을 보여준다. 영화 시작 부분에서는 두 인물의 여성성을 부각시키고 점차 이야기가 진행되면서 전통적 여성성으로부터의 탈피를 그려낸다. 따라서 집에서 출발할 때의 모습과 마지막 계곡으로 돌진하는 모습은 상당히 대조적이다. 여성적인 모습으로 치장했던 두 여성은 점차 티셔츠 차림으로 변하며 마침내 카우보이 모자를 쓰고 총을 쏘는 카우걸 내지 무법자의 이미지로 변한다. J.D.에게서 배운 강도 행위를 그대로 답습하고 총으로 경찰을 위협하거나 트럭을 폭파시키는 장면은 서부극이나 액션영화의 주인공과 다름없다.

두 주인공의 이러한 탈여성적인 모습은 보수적인 관객에게는 부정적으로 보였다. 많은 비평가들이 이들을 "킬러 우먼," "강한 몸" 등의 이름으로 불렀고 여성의 폭력성을 문제시하기도 하였다. 특정 영화에 대한 이러한 과도한 반응을 린다 하트(Lynda Hart)는 "문화적 히스테리아"라고 꼬집는다. 같은 시기에 공개된 <터미네이터 2>의 주인공과 더불어 델마와 루이스는 90년대의 새로운 여성상을 부각시켰다. 70년대의 TV 시리즈 <원더 우먼 *Wonder Woman*>, <소머즈 *Bionic Woman*>에서 보았던 강한 여성이 다시 부활한 것이다. 이는 <제나 *Xena*>에서도 확인되며 여성의 이러한 강한 모습은 <터미네이터 3>에서 여성의 모습을 가진 악당 사이보그로 나타나기도 한다.

<델마와 루이스>의 마지막 장면에서 죽음의 심연으로 달리는 두 여성의 모습은 가정과 사회와 법에 의한 구속대신 자유를 선택

한 결과이다. 이들의 여행은 내적 변화와 성장을 초래하였으며 그 결과는 죽음의 선택을 낳은 것이다. 델마는 "나는 깨어 있어 … 온전히 깨어있어. 이렇게 깨어있다는 느낌을 가져본 적이 없었어. 모든 게 달라 보여"라고 말한다. 삶의 의미에 눈을 뜬 것은 자신의 자아와 존재에 대한 각성을 의미한다. 그리고 마침내 "붙잡히지 말자. 계속가자"라고 결심한다. 이들의 목적지는 미지의 장소이다. 도착지가 중요한 것이 아니라 어디로부터 벗어나려 하는가가 더 중요한 문제임을 보여준다. 사회와 속박으로부터의 탈출이며 결국 그들의 목적지는 자유 그 자체이다.

〈델마와 루이스〉에 나타난 여성 버디와 젠더 문제

〈델마와 루이스〉가 페미니즘 담론을 사용함으로써 남녀문제를 부각시킨 것 외에도 젠더 역할에 대한 새로운 시각을 제공한다. 페미니즘운동의 영향으로 여성과 남성의 성 차이를 이론적으로 재정립하려는 시도가 1980-90년대에 활발하게 진행되었다. 생득적인 남성(male), 여성(female)의 신체적 차이가 아니라 이러한 신체적 차이에 사회문화적인 의미를 부여하여 남성성(masculinity)과 여성성(femininity)이라는 이분법적으로 만들어낸 카테고리가 젠더(gender)이다. 이는 곧 남성과 여성의 신체를 구속하는 이념적인 담론으로 기능하게 된다.

〈델마와 루이스〉는 이러한 젠더 문제에 관심을 가진 작품이다. 두 주인공이 폭력을 행사하는 모습은 여성성의 이미지에서 많이 벗어난다. 복장의 변화와 행동의 변화에서 여성 젠더는 마치 복장이나 마스크처럼 변화 가능한 것이고 연출할 수 있는 것이라는 것을 알게 된다.

그리고 이 영화는 시선의 경제학에서 남녀의 젠더 역할의 전복을 보여준다. 영화학자인 로라 멀비(Laura Mulvey)는 전통적인 할리우드 영화가 남성 관객의 시선에 맞춰 관음증과 페티시즘을 만족시키는 장르라고 말하면서 여성 인물은 남성 시선의 대상물이 된다고 말한다. 그러나 <델마와 루이스>에서 이러한 멀비의 공식이 성립하지 않는 장면이 있다. 델마가 여행 중 만난 남성 J.D.의 몸을 주시하면서 그를 시선의 대상화시키고 그녀 자신은 시선의 주체로 부각되는 장면이 그 예이다. 델마는 그의 뒷모습을 보면서 "그의 뒷모습을 보는 것은 정말 좋아"라고 말한다. 델마는 욕망의 대상물이 아니라 주체가 된다. 남/여, 주체/객체의 이분법이 전복된 것이다. 물론 델마의 욕망 실현은 값비싼 대가를 지불한다. J.D.가 돈을 모두 훔쳐가기 때문이다.

이성애 중심 사회에서 두 여성이 버디로 등장하는 것도 퀴어(queer) 비평가들에게는 새로운 의미로 받아들여진다. 마지막 죽음의 질주를 하기 전 두 여성은 키스를 한다. 대중적 장르에서 이러한 동성간의 키스 장면은 매우 조심스럽다. 따라서 이 키스 장면은 영화의 결정적 장면에 등장하여 새로운 의미를 낳는다. 이성애적 사회구조에서 남성의 희생자로 살아야 했던 두 여성의 에로틱한 키스는 이러한 사회의 남녀관계를 거부하는 몸짓이다. 이 영화는 관객의 시선을 의식해 파격적인 장면을 담지는 않는다. 오히려 두 여성의 일탈의 여정을 로맨틱하게 묘사하여 비장감을 죽인 느낌마저 든다. 그리고 레즈비안니즘을 지우기 위해 노력한다. 그러나 이 레즈비안니즘은 엄연히 서브텍스트(subtext)로 존재한다.

이처럼 <델마와 루이스>는 서부극, 버디영화, 로드무비와 같은 남성 장르를 사용하지만 페미니즘 담론을 사용하여 여성

억압, 탈여성성, 젠더 역할의 전복, 탈이성애 등과 같은 다양한 이슈들을 담고 있다. 허크와 짐처럼 델마와 루이스는 사회의 구속에서 벗어나 자유와 자아를 추구한 원형적인 미국 여성으로 자리 잡았다.

참고문헌

Benshoff, Harry M., and Sean Griffin. *America on Film : Representing Race, Class, Gender, and Sexuality at the Movies.* Oxford : Blackwell, 2004.

Collins, Jim, Hilary Radner, and Ava Preacher Collins, eds. *Film Theory Goes to the Movies.* New York : Routledge, 1993.

Davies, Jude, and Carol R. Smith, ed. *Gender, Ethnicity and Sexuality in Contemporary American Film.* Edinburgh : Keele UP. 1997.

Dow, Bonnie J. *Prime-Time Feminism : Television, Media Culture, and the Women's Movement since* 1970. Philadelphia : U of Pennsylvania P, 1996.

"Gender-Bender." *Time* June 24, 1991. http://www.time.com/time/magazine/article/0,9171,973234-3,00.html Retrieved. July 6, 2007.

Friedan, Betty. *The Feminine Mystique.* New York : W.W. Norton, 1963.

Hart, Lynda. "Til Death Do Us Part : Impossible Spaces in Thelma and Louise." *Journal of the History of Sexuality* 4.3 (1994) : 430-46.

Mulvey, Laura. "Visual Pleasure and Narrative Cinema." *Screen* 16.3 (1975) : 6-18.

Sawyers, Une. "Callie Khouri Answers Critics of Thelma and Louise." *The Chicago Tribune* 7 July 1991, sec. 6 : 1.

Willis, Sharon. *High Contrast : Race and Gender in Contemporary Hollywood Film.* Durham : Duke UP, 1997.

영웅적 장애인의 재현

<레인 맨>

<여인의 향기>

<레인 맨 Rain Man>(1988)이 개봉되었을 때 관객들은 더스틴 호프만의 자폐증 환자 연기에 경탄하였다. 남우주연상을 수상한 더스틴 호프만의 연기는 일반인에게 생소한 자폐증 환자의 세계를 실감나게 보여주었다. 1970년대 까지만 해도 흑인 주인공을 영화에서 만나는 것이 주류사회 관객들에게 친숙하지 않은 경험인 것처럼 장애인 주인공을 본다는 것도 흔치 않은 일이었다.

할리우드는 신체장애나 정신장애를 지닌 인물을 다루거나 주인공으로 설정한 영화를 만들기는 하였지만 그 수는 한정되어 있다. 장애인 문제는 그 가족 뿐 아니라 사회 전반에 걸쳐 드러내 놓고 말하고 싶지 않은 것이었다. 그리고 장애인이 등장하는 영화도 실제 장애인의 삶과 경험을 제대로 재현하지 못했다. 그러므로 대부분 전형화 된 장애인을 등장시켰다. 즉 장애인은 정상인에 속하지 못하는 2등 시민이거나 보호받아야 할 대상이거나 환자이거나 혹은 사악한 영혼을 지닌 사람으로 전형화 되어 표현되는 경향이 있었다. 따라서 장애인에 대한 이야기가 아니라, 장애인을 유용한 이야기의 수단으로 사용한 비장애인의 이야기가 대부분이었다. 이 전형화는 너무나 강력해서 미국 주류사회가 장애인을 인식하는데 막대한 영향을 끼쳤다.

이런 현상은 영화에 국한된 것이 아니다. 찰스 디킨스(Charles Dickens)의 『크리스마스 캐롤』(*A Christmas Carol*)에 나오는 타이니 팀(Tiny Tim), 빅터 위고(Victor Hugo)의 『노트르담의 곱추』(*The Hunchback of Notre Dame*)에 등장하는 콰지모도(Quasimodo), 그리고 허먼 멜빌의 『모비딕』에 등장하는 에이헙(Ahab) 선장 등 문학에도 수많은 장애의 몸이 등장한다. 장애를 가진 인물들은 문학작품의 언저리에 단순한 역할로 존재하거나 작품의 상징적 의미, 수사학적 효과를 낳는데 이용된다. 이들 장애인은 때로 악의 화신, 도덕적 타락, 괴물, 원시의 존재로, 때로는 동정의 대상으로 등장하거나, 관객이나 극 중 다른 인물의 동정, 공포, 죄의식을 받아들이는 피뢰침 역할을 한다

이러한 경향은 대중문화에도 확산되어 노트르담의 곱추, 엘레펀트 맨, 프랑켄쉬타인 등의 이야기는 할리우드 영화로 만들어지면서 대다수 사람들에게 괴기영화 장르의 한 요소로 전락하여 이 장르 속의 하나의 이미지, 비유, 볼거리로 각인되었다. 따라서 장애의 몸은 문화적 재현의 주된 왜곡의 대상물로 전락했다.

이러한 문화적 배경에서 <레인 맨>이 인기를 누릴 수 있었던 배경은 아마도 장애인에 대한 일반 관객의 거부감을 완화시키는 기제가 사용되었기에 가능했다고 볼 수 있다. 단순히 장애인의 문제로 국한하지 않고 가족애, 버디영화, 로드무비와 같은 전통적인 미국영화의 이야기를 통해 장애인의 세계와 이를 바라보는 일반 사회의 시선을 다루고 있다. 그리고 영웅주의를 중시하는 할리우드에 맞게 장애 중에서도 천재적인 능력을 지닌 자폐증 환자라는 특이한 인물을 등장시킨 것도 중요한 성공의 요소이다. 헬렌 켈러 이야기를 다룬 *The Miracle Worker*(1962)와 같이 초인적인 의지로 장애를 극복하는 얘기를 다룬 영화는 장애인의 실제 삶과 경험을 제대로 전달하지 못하는 위험을 내포한다.

<레인 맨>도 비범한 장애인을 소재로 선택했다는 비판이 있지만 그럼에도 불구하고 이 영화는 무엇보다도 장애인의 문제를 세심하게 다룸으로써 그 중요성을 인정받고 있는 영화이다. 1992년 발표된 <여인의 향기 *Scent of a Woman*>는 장애인의 고통을 다루면서도 영웅적인 모습을 부각시켜 상업적으로 성공한 영화이다.

영화 <레인 맨>은 자폐증 환자인 레이먼드(Raymond)와 찰리(Charlie) 형제의 우애를 통해 주류사회와 장애인의 관계를 그린 영화이다. 자동차 판매상인 찰리는 아버지의 사망 소식을 듣고 신시내티로 가게 된다. 찰리는 16세 때 아버지가 애지중지하는 49년형 뷰익 로드마스터 자동차를 몰래 탔다가 아버지의 신고로 2일간 경찰서에서 감방 신세를 졌던 기억이 있다. 이후 아버지가 미워 집을 나가 연락을 끊고 살았지만 아버지의 죽음이 다시 그를 고향으로 향하게 한 것이다. 장례식 후 찰리는 아버지가 3백만 달러의 유산을 정체불명의 인물을 위해 신탁하였다는 것을 듣게 된다. 찰리는 유산이 신탁된 이유를 추적하는 과정에서 형이 있다는 것을 알게 된다. 형 레이먼드는 자폐증 때문에 장애인 전문 병원에서 살고 있다. 찰리는 유산의 절반을 요구하며 형을 병원에서 데리고 나가 LA로 향한다.

〈레인 맨〉의 한 장면

6일간의 횡단여행을 하는 동안 찰리는 형에 대해 새로운 사실을 알게 된다. 찰리가 2살 때 형은 병원에 보내졌으며 그 이유 중에는 어린 동생인 자신의 안전도 고려한 것을 알게 된다. 아버지는 정기적으로 형을 면회하러 갔고 형으로 하여금 아끼는 자동차를 운전하도록 하였다는 것을 알게 된다. 찰리는 자신의 아기 때의 상상 속의 친구 "레인맨"은 다름 아니라 형 레이먼드였고, 레인 맨은 형의 이름을 아이의 발음으로 기억한 것임을 알게 된다.

영화의 끝부분에 가면 찰리는 변화된 태도를 보인다. 형을 데리고 살면 300만 달러를 차지할 수 있을 것이라고 생각하며 재판을 계획하였지만 결국 돈보다는 형을 생각하고 형이 병원으로 돌아가는 것에 반대하지 않을 뿐 만 아니라 면회 갈 것을 약속한다. 형에 대한 애정이 싹튼 것이다. 레이먼드도 동생과 지내는 며칠 동안 그의 애정을 받아들일 줄 알게 된다.

영화의 첫 부분에 등장하는 레이먼드는 자폐증 환자의 모습을 잘 보여준다. 레이먼드는 비행기를 타는 것을 거부하며 고속도로를 여행하는 것도, 비가 올 때 밖을 나가는 것도 거부한다. 팬 케익을 먹을 때는 시럽이 먼저 있어야 한다고 고집부리고, 팬티는 사각팬티만 입으며 신시내티의 K-마트에서만 쇼핑하겠다고 고집한다. 애청하는 TV프로인 *People's Court*를 보지 않으면 안 된다고 난리 친다든지, 길을 건너다 "Don't Walk" 사인을 보고는 도로 중간에 서있는 모습, 화재경보기 소리에 머리를 벽에 부딪치는 등의 모습은 대표적인 자폐증의 모습이며 동생 찰리가 이해하기 힘든 부분이다. 그리고 무엇보다도 의사소통을 제대로 하지 못한다.

그러나 영화는 전형적인 자폐증 증상뿐 아니라 레이먼드의 비범한 모습을 교차해 보여준다. 레이먼드는 천재적인 계산력과 기억력을 지니고 있다. 전화번호부를 외우며 오랜 과거의 일도 자세히 기억한다. 계산기로만 할 수 있는 계산을 암산으로 하는 능력을 보여주기도 한다. 찰리는 형의 이러한 능력을 라스베가스에서 이용하여 거금을 벌게 된다. 장애인 중에서도 천재적인 능력을 지닌 자폐증 환자를 주인공으로 설정함으로써 개인주의적 영웅을 중시하는 할리우드의 전통을 그대로 답습하는 경향을 보이는 것도 사실이지만, 레이먼드의 비범함은 실존 인물인 킴 픽(Kim Peek)을 모델로 하였기 때문에 순전히 상업적 목적을 위해 과장한 것은 아니라고 보여진다.

레이먼드와 같은 증상은 천재 신드롬이라 해석되는 "savant syndrome"으로 알려져 있다. 이는 매우 희귀한 증상으로 사소한 일을 정확히 기억하는 능력이며 이 영화를 통해 널리 알려졌다. 모델인 킴 픽은 유명해졌고 2004년 미항공우주국(NASA)이 그의 뇌 기능을 검사하기에 이른다.

<여인의 향기>는 베트남전 참전 부상용사들을 대변하는 주인공을 통해 신체장애의 문제를 다룬다. 베트남전쟁 중 실명한 슬레이드(Frank Slade) 중령은 장애인으로 살아가는 고통을 견디지 못하고 자살하기로 결심하고 마지막으로 여행을 떠난다. 슬레이드와 같은 부상병은 <7월 4일생>에서 이미 다뤄졌던 소재이다. 월남전 참전 부상병은 1970년대 장애인 운동의 일역을 담당하기도 하였다. <7월 4일생>에서 부상병의 고통과 분노가 사회

<여인의 향기>의 한 장면

로 향하는 반면 <여인의 향기>는 실명한 장애인의 고통을 자살이라는 방식으로 해결하려는 개인의 문제로 다룬다.

슬레이드는 찰리 심즈(Charlie Simms)라는 학생을 가이드로 삼아 뉴욕으로 마지막 여행을 떠난다. 추수감사절을 맞아 가족을 방문하고 고급 호텔에 머물며 최고급 식당에서 식사도 한다. 그리고 마지막으로 페라리를 운전해 본다. 호텔로 돌아와 찰리를 심부름 보낸 뒤 슬레이드는 준비한 총으로 자살하려 하나 이를 눈치채고 달려온 찰리의 만류로 자살을 포기한다. 삶을 포기하려했던 슬레이드는 찰리에게 빚을 갚기 위해 찰리를 구해줄 기회가 오자 유감없이 능력을 발휘한다. 찰리는 친구들이 교장에게 장난을 친 것을 목격한 목격자로 지목되어 친구들의 이름을 대지 않으면 벌을 받고, 친구들 이름을 대면 하버드로 진학하도록 해 주겠다는 회유를 받는다. 고자질을 거부한 찰리가 결국 처벌받을 위기에 처하자 때마침 학생 재판에 나타난 슬레이드는 힘차고도 감동적인 연설로 친구의 신의를 중시하는 찰리의 무죄를 변론한다.

슬레이드가 찰리를 구해주는 장면은 장애인의 영웅적인 모습을 잘 보여준다. <여인의 향기>에서 찰리와 슬레이드의 관계는 <레인 맨>에서 레이먼드와 찰리 형제의 그것처럼 서로를 도와주며 더 깊은 이해에 도달한다.

미국사회와 장애인

최근의 영화 연구는 전통적 장르 연구에서 확장되어 인종, 성, 섹슈엘리티, 계급, 민족 등 다양한 사회 구성원에 관한 연구에 관심을 가진다. 그러나 이러한 영화 연구에서 장애문제는 아직 주요 문제로 다뤄지지 않는다. 이는 장애에 대한 사회적 관심과 인문사회과학분야의 장애 연구에 비하면 관심의 부족으로 비쳐진다. 그러나 할리우드 영화는 최근 들어 많은 장애인 관련 영화를 제작하고 있다. <레인 맨>을 시작으로 특히 인지장애와 자폐증은 주요 관심사가 되었다.

이 영화 외에도 <카드로 만든 집 *House of Cards*> (1993), *Silent Fall* (1994), <머큐리 *Mercury Rising*>(1998), *Bless the Child* (2000), <아이 엠 샘>, *Punch Drunk Love* (2002), <길버트 그레이프 *What's Eating Gilbert Grape*>(1993), <포레스트 검프>, <넬 *Nell*> (1994), *The United States of Lealand*(2003) 등의 영화가 인지장애를 다룬 영화들이다. 물론 이 중 <레인 맨>이나 *Silent Fall* 외에는 장애 문제에 초점을 맞추지는 않는다.

이들 대부분 영화에서 장애문제는 이야기를 이끌어가는 기제로 사용되거나 정상인을 부각시키는 방법으로 사용된다. 한 인터넷 사이트(http://www.disabilityfilms.co.uk/autism1/aut1dex.htm)에는 자폐증 관련 영화를 추가적으로 소개하고 있다. 대부분 최근에 발표된 영화들임을 알 수 있다. 그러나 장애인을 주인공으로 설정하여 그 삶을 자세히 묘사하는 영화는 흔치 않으며 상업적 성공을 거둔 영화는 더욱 드물다.

미국문화를 이해하기 위해서는 장애인 영화를 어떻게 보아야 할까? 현재 미국에는 약 6000만여 명의 장애인이 있는 것으로 보도되고 있다. 미국에서 가장 큰 소수집단 중 하나이다. 그럼에도 불구하고 이들에 대한 관심은 최근의 현상이다. 그만큼 이들은 그늘 속에 존재하고 있었다.

그러나 1970년대부터 장애인의 인권 문제가 제기되면서 중요한 사회 문제로 다루어지기 시작하였다. 장애인 인권운동은 70년대에 장애인들에 의해 시작되었다. 이때까지만 해도 일반 시민들은 장애인들의 문제를 인식하지 못했을 뿐만 아니라 그 존재도 인식하지 못하였다. 장애인들의 문제는 일부 의사와 전문가들의 관심만으로도 충분한 것으로 인식하였다. 민권운동과 여성운동의 영향을 받은 장애인운동은 사회 변화와 장애인의 인권을 위해 조직화되었다. 장애인이 시민으로서의 권리를 보장받기 위해서는 필요한 서비스를 사회가 제공해야 한다는 것을 주장하였고 이는 1973년 장애인갱생법안(Rehabilitation Act)으로 결실을 맺었다. 이 법안은 장애인 고용을 위한 어퍼머티브 액션(Affirmative Action) 프로그램을 실행할 것과 정부지원 프로그램에 장애인을 차별하지 않을 것을 명시한다. 이어 장애인 단체(American Coalition of Citizens with Disabilities, ACCD)가 조직되고 법안 통과를 위한 투쟁을 벌였다. 이 법안이 통과되자 연방정부 자금으로 지원된 고용, 교통, 공공건물, 통신, 주택에 장애자 접근을 가능케 하였다.

1970년대의 장애인운동으로 1980년대부터 미국사회는 장애 문제에 특별히 관심을 가지기 시작했다. 그리고 1988년 대통령선거의 주요 이슈로 부각되기도 하였다. 그 결과 1990년에 기념비적인 장애인 법안(Americans with Disabilities Act, ADA)이 만들어 졌다. 이 법안 입안 당시 4천3백만 명의 장애자가 있는 것으로 조사되었고 이는 당시 인구의 17%에 해당하였다. 이 법안은 1992년 실행되었는데 고용주, 지방정부, 노동조합이 고용, 진급 등 사회활동의 기회에 장애인을 차별하는 것 금지하였다. 그리고 장애인에게 필요한 시설을 갖춰야 한다고 규정하였다. 학자들은 장애인운동의 영향력은 과거보다는 커졌지만 국가 정책 형성에 미치는 영향력은 여전히 다른 압력 단체에 비하면 아직 약하다고 지적한다.

영웅적 장애인

영화 <레인 맨>의 내러티브는 자폐증에 대한 이해를 돕는 방식으로 구성되었다. 찰리의 변화는 형을 좀 더 잘 이해함으로 해서 가능해진다. 그러나 이 영화는 제목이 "레이먼드"가 아니라 "레인 맨"인 것처럼 형의 이야기가 아니라 동생 찰리의 이야기에 무게가 실려 있다. "레인 맨"은 동생 찰리의 관점에서 보는 레이먼드이다. 영화 어디에도 레이먼드의 자폐증에 대한 의학적인, 사회적인 고찰이 들어있지는 않다. 장애 문제는 철저히 개인의 문제로 다뤄진다. 가족인 찰리도 모르고 있었던 일이다. 레이먼드는 동생의 재정적인 위기를 해결해 주는 독특한 능력을 지닌 영웅이다. 그러나 우리 가까이에 있는 인물이 아니라 일반 세계와 다른 고립된 세계인 월브룩 병원에 속하는 영웅으로 기억된다.

<레인 맨> 성공 이후 발표된 <여인의 향기>도 이러한 영웅적 장애인의 이야기에 초점을 맞춤으로써 성공을 거둔다. <여인의 향기>는 장애의 문제를 더욱 더 개인의 문제로 취급한다. 장애 문제의 해결책을 장애인 주인공의 자살에서 찾거나 주인공이 장애를 극복하는 초인적인 노력을 하는 것에서 찾으려 한다. <레인 맨>에서 레이먼드가 아버지와 동생의 사랑을 얻는 것과 대조적으로 <여인의 향기>에서 슬레이드는 형과 그 가족들로부터 소외되어 있을 뿐만 아니라 친구도 없이 외로운 삶을 살고 있다.

<여인의 향기>가 영웅주의를 채택하는 과정은 <레인 맨>과 흡사하다. 고급 식당에서 젊은 여성과 멋있게 탱고를 추며 여성의 향수를 통해 "여인의 향기"를 음미하는 슬레이드 중령의 모습은 장애인의 모습이라기보다는 세련된 신사의 그것이다. 이 순간 장애의 문제는 사회나 가족의 문제가 아닌 개인이 극복할 수 있

고 개인이 해결해야 하는 문제로 부각된다.

영화 <수퍼맨 *Superman*>으로 잘 알려진 크리스토퍼 리브(Christopher Reeve)가 낙마 사고로 전신불수가 되었을 때 그는 좌절하지 않고 장애인운동가로 활동하는 모습을 보여주었고, 이에 미디어는 전신불수의 그를 현실에서도 수퍼맨 같은 영웅으로 부각시켰다. 이러한 현실은 영웅적 장애인을 묘사하는 영화처럼 장애를 개인이 극복해야 할 문제로 인식하는 데서 비롯한다. 헬렌 켈러, 스티븐 호킹(Stephen Hawking) 같은 특별한 장애인은 장애를 극복하여 인정을 받는데, 이러한 대부분의 장애인 영웅은 장애 극복에 도움을 주는 경제적 자산이 있어 장애 극복이 가능하였다. 이와 비교하여 대다수 장애인은 장애 극복에 필요한 환경이 주어지지 않으면 개인의 힘으로는 극복이 불가능하다. 따라서 영웅적 장애인은 전체 장애인의 이미지를 향상시키는 것이 아니라 이들과 대조적으로 실패한 장애인의 2등 시민으로서의 성격을 오히려 부각시킨다.

다만 <레인 맨>과 <여인의 향기>가 버디영화이며 로드무비인 것은 의미가 있다. 두 영화가 모두 영웅을 부각시키지만 동반자의 도움이 필요하다는 것을 보여준다. 슬레이드가 자살을 택하든 삶을 택하든 그의 선택은 찰리의 도움을 바탕으로 한다. 레이먼드가 천재성을 발휘하는 것도 찰리가 함께 하면서 빛을 발한다. 장애인의 여정은 버디가 함께하며 이들의 여정은 상호 이해의 증진을 가져오고 자신의 존재 의미를 깨닫는 의미 있는 여행이 된다. 두 영화는 장애인의 삶에서 버디의 역할은 공동체가 감당해야 할 역할이라는 것을 비유적으로 보여준다 하겠다.

참고문헌

Davis, Lennard J. *Enforcing Normalcy : Disability, Deafness, and the Body. New York* : Verso, 1995.

"Films Involving Disability." www.disabilityfilms.co.uk. Retrieved July 6, 2007.

Pfeiffer, David. "Overview of the Disability Movement : History, Legislative Record, and Political Implications." www.blackwell-synergy.com/doi/abs/10.1111/j.1541-0072.1993.tb02169.x. Retrieved. July 6, 207.

저 자 : 김영덕
경북대 영문학과 졸
Texas A&M University 영문학 석 · 박사
현 경북대학교 영어영문학과 현대영미희곡 강의

저 자 : 『셰퍼드의 True West: 미국 남성성의 탈신화화』외 다수

영화로 보는 **미국문화**

1판 1쇄 찍음 • 2008년 2월 20일
1판 1쇄 펴냄 • 2008년 2월 28일

저 자 • 김 영 덕
발행인 • 정 현 걸
발 행 • 신 아 사
인 쇄 • 예지인쇄

출판등록 • 1956년 1월 5일 (제9-52호)
서울특별시 은평구 녹번동 28-36 2F
전화 (02)382-6411 • 팩스 (02)382-6401
홈페이지 • www.shinasa.co.kr
E-mail • shinasa@chol.com

ISBN 978-89-8396-588-2

정가 *10,000*원